인권,
여성의
눈으로
보다

인권, 여성의 눈으로 보다

제1판 제1쇄 발행일 2020년 10월 24일
제1판 제2쇄 발행일 2022년 3월 8일

글 _ 임옥희, 로리주희, 윤김지영, 오창익
기획 _ 인권연대, 책도둑(박정훈, 박정식, 김민호)
디자인 _ 서채홍
펴낸이 _ 김은지
펴낸곳 _ 철수와영희
등록번호 _ 제319-2005-42호
주소 _ 서울시 마포구 월드컵로 65, 302호(망원동, 양경회관)
전화 _ (02)332-0815
팩스 _ (02)6003-1958
전자우편 _ chulsu815@hanmail.net

ⓒ 인권연대, 임옥희, 로리주희, 윤김지영, 오창익 2020

ISBN 979-11-88215-50-8 43330

철수와영희 출판사는 '어린이' 철수와 영희, '어른' 철수와 영희에게
도움 되는 책을 펴내기 위해 노력합니다.

인권, 여성의 눈으로 보다

기획

인권연대

글

임옥희, 로리주희, 윤김지영, 오창익

철수와영희

남성들이 먼저 봐야 할 책

인권의 핵심은 보편성입니다. 인권은 모두의 것이라는 뜻입니다. 세계인권선언이 '모든 사람'의 인권을 말하고, 대한민국 헌법이 인권의 주체를 '모든 국민'으로 규정하고 있는 것이 이런 까닭입니다. 그가 누구인지를 묻지 않고 모두에게 인권이 보장되어야 한다는 것입니다. 그렇지만 우리는 이 책을 통해 특별히 여성을 호명합니다. 모두에게 평등한 인권인데, 왜 굳이 여성을 좀 더 강조해야 하는지, 이를테면 여성가족부는 있는데, 남성부는 왜 없는지를 묻고 싶은 분들에 대한 답이기도 합니다.

인권이 보편적이라는 뜻은 모두가 인권을 보장받아야 한다는 것입니다. 모두가 인권을 보장받기 위해서는, 인권을 제대로 보장받지 못하는 사람들을 좀 더 적극적으로 챙겨야 합니다. 남성 위주의 가부장적 사회에서 여성의 존재가 그렇습니다. 비장애인보다 장애인을, 성인보다는 어린이와 청소년을 좀 더 챙겨야 하는 까닭과 같습니다.

그런데 여성들이 좀 더 대접을 받기는커녕 오히려 비하나 혐오의 대상이 되는 일이 너무 많습니다. 희한한 일입니다. 남성들은 단 한 사람의 예외도 없이 누구나 여성의 아들인데도, 어떻게 여성을 비하하거나 심지어 혐오의 대상으로 삼는 걸까요? 이 책에서도 살펴보고 있지만, 어쩌면 경쟁에 뒤처진 탓도 있고 또 왜곡된 피해의식 때문이기도 할 겁니다. 누군가의 선동이 먹힌 탓도 있겠지요.

『인권, 여성의 눈으로 보다』는 이런 현실에 대해 진지하게 고민하고 있습니다.

임옥희 선생님은 모든 혐오는 결국 사회적 약자를 겨냥한다는 점을 지적하면서, 그가 누구든 특정한 사회 구성원을 열등한 존재로 취급하고 혐오하는 사회에서는 누구도 결코 행복할 수 없다고 강조합니다. 또한 혐오는 자기가 약하다는 것을 인정하기 싫어서 자기보다 약해 보이는 사람을 대상으로 한다고 일깨워줍니다. 20대 남성에게서 흔히 찾아볼 수 있다는 여성 혐오가 얼마나 한심한 일인지 금세 알 수 있습니다. 자신의 박탈감을 해결할 방법을 찾지 못해 헤매다가 일상적으로 만날 수 있는 여성을 쉽게 대상화해버리는 것입니다.

로리주희 선생님은 페미니즘 활동가로서의 오랜 경험을 차분하게 들려주고 있습니다. 여성, 그것도 아내, 엄마, 그리고 아줌마로 산다는 것의 의미를 구체적인 삶 속에서, 또 현안 속에서 풀어내고 있습니다. 자존감을 갖기 어려운 세상, 화나는 일만 잔뜩 있는 세상에서 살아가기 위한 지혜로운 방법을 함께 찾아보자고 제안해주십니다. 그것은 우리가 먼저 우리 자신이 되어야 한다는 것입니다. 나 자신에 대한 정체성은 다른 누구도 아닌, 내가 규정할 수 있어야 하고, 내 입장에서는 다른 무엇보다 나 자신의 목소리에 귀 기울이는 것부터 시작해야 한다는 것입니다.

윤김지영 선생님은 페미니스트 철학자답게 페미니즘 운동의 핵심을 잘 짚어주고 계십니다. 2010년대 이후 페미니즘 운동의 새로운 흐름을 잘 정리해주시면서 새로운 세대가 말하려는 게 무엇인지, 왜 거칠고 힘든 싸움을 마다하지 않으려는지도 잘 알려주고 있습니다. 오늘의 페미니즘은 우리 일상의 다양한 폭력 또는 폭력적 상황을 포착하고 이를 드러내는 방식으로 운동을 전개하고 있답니다. 그러니 스스로 끊임없이 진화할 수밖에 없는 속성을 갖고 있는데, 메갈리아, 영페미, 헬페미 등은 그런 과정에서 나타난 자연스러운 흐름이랍니다.

저 오창익은 기존의 페미니즘 입장이 아니라, 남성의 시각으로 남성을 들여다보고 있습니다. 오랫동안 군대와 관련한 인권 문제를 다뤘던 경험을 살려 군대와 남성의 문제를 살펴봅니다. 지금의 군대가 남성들에게 어떤 영향을 미치는지를 따져봅니다. 남성들의 자살률도 함께 분석하면서 가부장 사회에서 결국은 남성도 피해자일 수밖에 없는 현실을 짚어봤습니다.

이 책은 일종의 페미니즘 책으로 분류할 수 있겠지만, 본격적인 인권 책이기도 합니다. 여성들이 많이 읽으면 좋겠지만, 여성보다는 남성에게 더 필요한 책입니다. 같은 남성으로서 남성들에게 적극적으로 추천하고 싶습니다. 여자 친구가 남자 친구에게, 아내가 남편에게, 또는 직장 동료나 아는 남자들에게 권하면 좋은 책입니다. 꼭 그런 관계가 아니라도 좋습니다. 보통의 남성들이 꼭 읽었으면 하는 책입니다.

인권연대와 함께 여러 권의 인권 책, 그 좋은 책들의 이름을 일일이 나열한다면, 『10대와 통하는 청소년 인권 학교』, 『인문학이 인권에 답하다』, 『다수를 위한 소수의 희생은 정당한가?』, 『인간은 왜 폭력을 행사하는가?』, 『인권연대의 청소년 인권 특강』, 『우리 시대 혐오를 읽다』, 『인권, 세계를 이해하다』 등의 책을 함께 펴냈던 '철수와영희' 출판사에도 감사드립니다. 저자로 참여해주신 임옥희, 로리주희, 윤김지영 선생님께도 감사드립니다. 무엇보다 이 책을 읽기 시작한 독자들께 감사드립니다. 여러분의 시작이 우리 공동체를 보다 안전하게 만들 겁니다. 늘 감사합니다.

인권연대 오창익 드림

차례

머리말 **남성들이 먼저 봐야 할 책** · 5

1강 **성, 사랑 그리고 혐오** · 13

임옥희 | 경희대학교 후마니타스칼리지 교수

'평범한 사람들'의 혐오 폭력 · 15

사랑의 기원과 원초적 혐오 · 27

채워지지 않는 결핍-인간의 취약성 · 37

여성 혐오로 연대하는 20대 남성 현상 · 43

비체-'제자리'를 벗어난 존재 · 49

사회문화적 현상으로서 여성 혐오 · 54

2강 **우리 시대 엄마의 사회학** · 59

로리주희 | 서울시성평등활동지원센터장

'아줌마'가 된다는 것 · 61

강남 엄마들은 불안하다 · 69

경쟁 시스템과 여성의 몸 · 75

한국 사회가 요구하는 엄마의 역할 · 84

우리는 우리 자신이 되어야 한다 · 89

젠더 감수성을 기르자 · 92

3강 **지금, 여기의 여성 운동** · 97
윤김지영 | 건국대 몸문화연구소 교수

나는 페미니스트입니다 · 100
일상의 폭력을 포착하다 · 107
혐오에 대항하는 존재론적 폭력 · 111
페미니즘의 시간성 · 118
'헬페미'–페미니스트 다중의 등장 · 124
"가장 사적인 것이 가장 정치적인 것이다" · 130
호명받은 존재에서 호출하는 존재로 · 135
페미니스트 다중이 쓰는 새로운 역사 · 146

4강 **국가, 군대 그리고 남성** · 151
오창익 | 인권연대 사무국장

개인과 국가 · 154
군인들만의 세상, 1961년 체제 · 159
병사들은 볼모인가 · 167
생각 없음을 강요하는 군대 · 177
남성 자살률에 담긴 의미 · 182
다시, 교육만이 희망이다 · 188

성,
사랑
그리고
혐오

 경희대학교 후마니타스칼리지 교수

경희대학교에서 영문학과를 졸업하고, 동 대학원에서 박사 학위를 받았다. 여성문화이론 연구소 대표를 역임했고 현재 경희대학교 후마니타스칼리지에서 학생들을 가르치고 있다. 『채식주의자 뱀파이어』『주디스 버틀러 읽기』『페미니즘과 정신 분석』『젠더 감정 정치』『메틀로폴리스의 불온한 신여성』등의 책을 썼다. 함께 쓴 책으로『여성 혐오가 어쨌다구』가 있다.

반갑습니다. 임옥희입니다. 오늘 인권과 관련해서 제가 말씀드릴 주제는 '성과 사랑, 그리고 혐오'입니다. 사랑과 혐오는 언뜻 상관없어 보이지만 이런 정동들은 밀접한 관계를 맺고 있어요. 본격적으로 이야기를 시작하기 전에 요즘 우리 사회를 지배하는 혐오에 대해 먼저 이야기해보죠.

'평범한 사람들'의 혐오 폭력

한국 사회에서 혐오가 감염병처럼 퍼져 나가고 있습니다. 여성 혐오, 장애인 혐오, 세월호 피해자 혐오, 5·18 혐오, 노인 혐오, 이주민 혐오 등. 혐오의 목록은 거의 무한대입니다.

혐오의 감정은 어느 사회, 어느 시대든 있었다지만, 한국 사회에서 지금처럼 남녀 사이에 혐오가 극한으로 치닫고 가시화된 것은 최근의 일이라고 봅니다.

근래 들어 여성 혐오가 가시화된 계기는 메르스 감염병 때문이었죠. 2015년 낙타에 기생하는 메르스 바이러스로 갑작스럽게 수십 명38명이 사망하게 되자, 어떻게 그것이 한국에 전파되었는가? 하는 의문이 제기되었거든요. 중동의 단봉낙타에 기생하는 바이러스가 뜬금없이 왜 한국에 출현했는가?

중동으로 여행 갔던 여자들이 이 감염병을 옮겼다는 가짜 뉴스가 일파만파로 퍼져 나갔습니다. '일베' 사이트를 중심으로 가짜 뉴스가 복제 재생산되면서 여성 혐오가 걷잡을 수 없게 되었죠. 남편이 벌어준 돈으로 여행이나 다니는 한가한 여자들에 대한 비난이 쏟아져 나왔으니까요. 그러다 최초 확진자가 남성으로 밝혀지자, 일순간 고요해졌죠. 이 사건을 계기로 여성들이 남성의 혐오 발화를 그대로 되돌려 주는 미러링이 시작되었죠. 물론 그 이전부터도 여성 혐오에 대한 여성들의 분노가 부글거리고 있었지만, 이 사건이 기폭제가 되었다는 뜻입니다. 그로부터 디시인사이드 메르스 갤러리에 모여서 여혐에 대해 '남혐'으로 되받아치는 여성 집단이 출현하게 된 거죠. 이후 이들은 노르웨이 작가 게르드 브란튼베르그가 1977년에 출간한 소설 '이갈리아의 딸들'과 의미가 중첩된 메갈리아^{메르스+이갈리아}라는 이름으로 알려지게 됩니다.

2016년부터 메갈리아와 일베는 SNS상에서 본격적으로 격렬한 혐오 전쟁을 수행했습니다. 여성 혐오에 대한 '여성 봉기'가 7차에 걸친 혜화동 시위였습니다. 그것은 단일한 주제 아래 10만 명의 여자들이 거리로 몰려나온 역사적인 사건이었죠. 그러니 봉기라고 할 만도 하지요. '나의 일상은 너의 포르노가 아니다'라는 외침이 시위 현장에서 울려 퍼졌어요. '동일 범죄, 동일 처벌'은 가해자 남성들에게 면죄부를 주었던 한국 사회의 가부장제적 행태에 대한 여성들의 해묵은 분노에서 비롯된 주장이었죠. 성폭력을 폭력으로 인지하지 못하는 가부장적 사회의 무능과 무지에 대한 분노의 폭발이었습니다.

페미니스트 대통령을 표방한 정부가 보여준 성폭력에 대한 둔감함은 성토의 대상이 되었죠. 이들 여성들의 외침으로 그 이후 'n번방'과 같은 끔찍한 범죄가 그나마 표면화되었다 해도 지나친 말은 아닐 것입니다. 성폭력, 가정 폭력, 아동 성

임옥희

범죄 등이 가정사가 아니라 범죄임을 인정하라는 것이죠. 성폭력은 피해 당사자의 고소에 바탕한 친고죄_{이것을 폐지하는 데도 얼마나 많은 세월이 흘렀는지}가 아니라 피해자의 고소가 없어도, 수사관의 사건 인지만으로도 얼마든지 처벌할 수 있는 형사 사건에 해당하는 폭력이라는 사실을 주지시키기까지, 무수한 여성들이 살해, 강간당한 고통의 역사가 있었습니다. 그런 역사야말로 가해자가 아니라 피해자 여성이 수치와 치욕 속에서 살아가도록 방조했던 것이고요.

기성세대들이 미디어의 변화에 주목하지 못한 사이에 '젠더 전쟁'이 일어나고 있었습니다. 다만 여성 혐오는 온라인상에서는 들끓었지만, 오프라인에서는 그다지 가시화되지 않았을 뿐이었죠. 그런 혐오의 '젠더 전쟁'에 대해 기성세대는 민감하게 대처하지 못했습니다. SNS상에서 벌어지는 여성 혐오, 사이버 성폭력에 관해서 무지하고 무심했다는 것입니다.

저는 디지털 시대의 속도전에서 탈락한 낙오자입니다. 부끄럽게도 컴맹이죠. 아날로그로 살고 있으므로 SNS상에서 무슨 일들이, 무슨 논쟁들이 벌어지고 있는지 모르고 지냅니다. 미러링과 같은 '혐오 전선'은 디지털 네이티브인 젊은 여성들20/30세대이 지원하고 격렬하게 방어하는 것이라고 가볍게 여겼습니다. 그런데 『근본 없는 페미니즘』을 읽으면서 온라인상에 만연한 사이버 성폭력, 여성 혐오에 대해 무지한 자신이 참 부끄럽고 민망해지더군요. 젊은 여성들의 과민 반응이라고만 일축할 수 없는 끔찍한 공간이 버젓이 존재하더군요. 디지털 자본주의에 바탕한 혐오 산업이 형성되어 있었다는 것에 그저 '나는 몰랐다'라고 하기에는 기성세대로서 참담했습니다. 그런 폭력적인 공간에서 어리고 취약한 여성들이 생존 위협에 노출되어 있었으니까요. n번방 사건은 디지털 혐오 산업의 빙산의 일각일 뿐입니다.

몰랐다는 말은 무책임한 변명입니다. 적극적으로 알고 싶지 않았던 자신에게 면죄부를 주니까요. 저는 SNS상에서 일어나고 있는 일을 몰라도 전혀 불편 없이 살 수 있어요. 몰라도 불편 없이 살 수 있다는 것 자체가 하나의 특권입니다. 난 아무런 수혜도 받지 않았는데 무슨 특권이냐고요? '우리'는 수어를 배우지 않아도 전혀 불편하지 않아요. 수어는 농인들이나 배우는 것으로 여기니까요. 점자를 몰라도 비시각 장애인은 전혀 불편하지 않습니다. 두 다리로 걷지 못하는 상황을 상상조차 못 하는 사람들은 휠체어 장애인들의 불편에 무지합니다. 그런 불편을 경험하거나 상상한 적이 없기 때문이죠. 그와 마찬가지로 SNS에서 일어나고 있는 성폭력, 성희롱, 여성 혐오에 관해 전혀 몰라도 불편하지 않다는 그 점이 바로 제가 누리는 무지의 특권이었다는 것이죠.

여성 혐오는 일베와 같은 특정 집단 남성들이 주도한 현상'만'은 아닙니다. <시사인>의 천관율 기자는 놀랍게도 20대 남성들이 자신들의 집단적 정체성을 여성 혐오에 바탕하고 있다고 말합니다. 그는 그런 현상을 '20대 남성 현상'이라고 이름 붙였습니다. 여성 혐오를 통해 남성들끼리 연대하는 사회라고 한다면, 우리 주변의 남자들 누구라도 여성 혐오에 공모할 수 있다는 말이 됩니다. 얼마 전에 모 의대 단체 대화방에서 같은 동아리 여학생을 상대로 성희롱 발언을 해서 문제가 된 적이 있었죠. 의대에서 벌어진 성희롱 사건은 그전에도 있었습니다. 이 사건은 처음도 마지막도 아닐 겁니다. 2019년 1월에는 의대에 성차별, 성폭력이 만연해 있다는 국가인권위원회의 조사 결과가 발표되어 충격을 안겨주기도 했습니다. 이게 의대만의 문제는 아닙니다. 가부장적인 한국 사회의 구조적인 문제이니까요. 지금과 같이 남성의 삶 자체가 사회구조적인 특권이라는 사실에 전혀 무지한 상태에서는요. 제가 주목하고자 하는 것은 '무관심'으로 인한 사회적 공모 현상입니다.

제가 무지와 무관심에 대해 말씀드리는 이유는 한나 아렌트의 말을 인용하자면 '악의 평범성' 때문이에요. 자기 동료 여학생을 단체로 성희롱하고, 단톡방에 벗은 몸을 올리고, 하는 이런 일들이 어떻게 가능할까요? '사내 녀석들이 본래 그렇잖아.' '뭘 그까짓 걸 갖고 앞길이 구만리인 남자애들 인생 망치려고 해.' 라며 피해자를 비난하고 가해자를 두둔하면서 관대하게 넘어가는 것이 한국 사회의 관행이었죠. 그리고 보통 성범죄가 터지면 언론에서는 가해자를 '악마화'합니다. 그래서 일상에서 만나는 '평범한' 이웃들은 절대 그런 일을 하지 않을 것처럼 생각해요. 하지만 정말 그런가요? 가해자들도 일상적으로는 평범한 이웃이죠. 평소 예의 바르고 착한 사람일 수 있어요. 단체 대화방에서 동료 학생을 집단 성추행한 학생들, 정말 '악마'라서 그랬을까요? 이들은 가정과 학교에서 공부 잘하고 착한 아들이었어요. 이웃에게 인사 잘하고 예의바르고 심지어 상냥하기도 합니다. 그런 이들이 왜 단체 대화방에서 그런 일을 벌였을까요? 익명성이 보장되는 온라인 공간에서는 왜 평범한 사람들도 성범죄의 가해자가 될까요? 이 점에 대해 생각해보아야 합니다.

때로 저의 이런 문제 제기에 너무 과민한 거 아니냐는 주변의 반응도 있습니다. 학생들이 그저 '재미'로 그랬을 수 있다고, 그 정도는 관대하게 넘어가야 하는 거 아니냐고 말해요. 우리 사회는 온라인상에서 벌어지는 성폭력에 과도하게 관대한 경향이 있습니다. 가해자의 부모는 말할 것도 없고 교수들, 학교, 법원 모두가 합심하여 가해자의 편을 들어왔으니까요. '재미로' 한 이야기가 누군가에게는 생명을 위협하는 폭력이라는 점을 알아야 합니다. 그것이 단지 개인적인 폭력으로 끝나는 것이 아니라 디지털 성산업으로 연계되고 번창해왔다는 것이죠.

한국 사회는 젠더 감수성이 부족하다는 인식 자체가 부족해요. 장차 의사, 교사, 목사, 판사, 정치가가 될 사람들이 단체 대화방에서 동료 여학생을 성희롱, 성추행하는 것을 언제까지 용인해야 할까요? 그들이 사회에 나가 환자의 생명을 다루는 의사가 되고, 학생들을 가르치는 교사가 되고, 교인들을 인도할 목사가 된다면요? 그들이 이 사회를 좌지우지할 정치가가 된다면요? 여성의 입장에 자신을 세워볼 기회가 없었던 남성들, 여성들에게는 공감을 요구하면서도 남성에게는 공감 능력을 억압하고 도려내라고 가르쳐왔던 가부장적 사회에서 성장한 남성들이 여성들이 느끼는 공포에 공감하기는 힘들겠죠. 남성들이 밤길을 걸으면서 살해의 위협을 느끼거나 방 안을 기웃거리는 시선에 공포심을 느껴본 적은 드무니까요. 여성 혐오는 '악마'가 된 남성 개개인의 문제가 아니라 정치, 경제, 교육, 직업, 종교, 시민권 등 사회구조적으로 모든 영역에서 조직적으로 여성을 무시하고 혐오하는 문화에서 비롯됩니다.

한국 사회의 치열한 경쟁 시스템에서 살아남으려면 죽을힘을 다해야 합니다. 『이상한 나라의 앨리스』에 등장하는 붉은 여왕처럼 제자리에서라도 뛰어야 생존경쟁에서 살아남을 수 있다는 공포가 젊은이들에게 자리하고 있습니다. 공정한 경쟁을 통해 남보다 뛰어나다는 점을 보여주는 것은 누구에게나 만만한 것이 아니죠. 그러다 보니 자신의 우월감을 유지하는 가장 손쉬운 방법은 타인을 열등하다고 무시하는 것이죠. 경쟁을 통해 우월을 확인받는 것은 정말 힘드니까요. 그래서 인구의 절반인 여성들을 남성들보다 열등하고 무시할 만한 존재로 만듭니다. 가부장적 문화에서 자란 남성들은 남자라는 사실만으로 여자보다는 우월하다거나, 혹은 적어도 여자에게 무시받지는 말아야 한다는 생각에 젖게 되죠. 저 여자가 날 무시하는 눈길로 쳐다봐서 폭행했다는 변명이 아직까지 받아들여진다는 점에서 한국 사회는 여전히 가부장적 사회입니다.

버지니아 울프는 여성은 남성을 실제보다 두 배로 확대시켜 보여주는 확대경이라고 했습니다. 차별이 남성을 우월한 존재로 착각하게 만든다는 뜻이에요. 여성들에게 전통적으로 주어졌던 역할인, 남성의 확대경 역할을 하지 않고 '있는 그대로' 미러링을 할 때, 그 과정에서 남성들이 느끼는 스트레스와 압박감은 분노와 혐오로 터져 나오죠. 일베와 같은 예외적인 남성들, 악마들만 여성 혐오를 하는 것이 아니라 평범한 누구라도 그럴 수 있다는 것이죠. 오히려 여성 혐오의 악마화는 그런 악의 평범성을 놓치도록 한다는 점에서 더욱 문제죠.

엘리트라고 불리우는 남성들도 예외는 아닙니다. 한국 사회가 가장 좋아하는 말이 뭡니까? '상위 1퍼센트' 이런 말 굉장히 좋아하잖아요. 누구나 그 안에 들고 싶어 합니다. 그런데 그 1퍼센트 안에 진입한 친구들이 오히려 그 밖의 친구들보다 더한 압박감을 느껴요. 혹시라도 '상위 1퍼센트' 밖으로 밀려날까 봐, 부모의 기대, 주변 사람들의 기대에 부응하지 못할까 봐 두려워합니다. 문제는 이런 불안과 두려움이 왜곡된 방식으로 표출된다는 거예요. 온라인상에서 끼리끼리 모여서 혹은 익명성을 가장하여 여성 혐오 행동을 합니다. 실패에 대한 불안과 두려움을 만만한 다른 대상에게 투사하는 거예요. 물론 모두가 그렇다는 말이 아니에요. 그럴 가능성이 다분하고 실제로 그런 일이 오늘날 한국 사회에서 벌어지고 있다는 점을 말씀드리는 겁니다.

저는 앞길이 창창한 '엘리트' 남학생들의 성폭력을 옹호하거나 한때의 일탈로 관대하게 보자는 목소리가 들릴 때마다 안타까워요. 타인과의 공감이 아니라 타인에 대한 반감과 차별이 정당화되고 있기 때문이죠. 한국 사회에서는 성적이 인격으로 등치되는 것 같아요. 적자생존의 사회에서 상위권에 들었다는 이유만으로 성공한 자들로 평가하고, 그들의 기행과 비행을 관대하게 봐주는 것이죠.

한국 사회의 학생들은 내신 1등급을 받기 위해, 수학능력 평가 상위 1퍼센트 안에 들기 위해 지적인 능력 이외의 모든 것을 희생합니다. 인간과 삶에 대해 생각할 틈이 없어요. 이런 시스템은 절대다수의 사람들을 패자로 만들고 열등감을 심어줍니다. 패자에게 가혹한 사회죠. 부모 자원과 같이 주변에 동원할 자원이 없는 패자는 패자부활전마저 거의 허락되지 않거든요. 그러다 보니 극소수의 '성공한' 사람들은 자신들에게 주어진 특권을 마땅히 받아야 할 보상으로 생각해요. '내가 죽어라 하고 공부할 때' 맨날 PC방 가고, 방황하거나, 수업 시간 엎드려 잤던 아이들과 똑같은 대우를 받아서는 안 된다고 그들은 말합니다. '내가 노력해서 얻는 것을 왜 나눕니까?' 라는 게 상위권 학생들의 지배적인 정서예요. 성적으로 차별하는 것이 정당하고 공정하다고 뼛속까지 각인하면서 살아남았으니까요.

경쟁에 찌든 학생들에게 공존과 공감을 설득하는 건 기성세대의 위선처럼 보이기 쉽죠. 사회 전체적으로 이런 의식이 팽배한데 학생들에게만 달리 생각하라고요? 기성세대인 '나'는 이기적이고 탐욕스럽게 살더라도 너희들만큼은 나누고 공감하면서 살라고 훈계한다면요? 우리 사회에서 혐오가 생산되는 지점도 바로 여기가 아닐까요? 성공한 사람들이 그렇지 못한 사람들을 열등하다고 생각하고 마음속 불안과 두려움을 그들에 대한 혐오로 해소하고 있지는 않은지, 혹은 지독한 경쟁 시스템에서 소외된 사람들이 나보다 못하다고 여기는 사람을 혐오의 대상으로 삼으면서 분풀이하고 있는 것은 아닌지, 생각해보아야 해요.

너무 부정적인 이야기만 했나요? 사랑이 종교를 대신한 시대, 사랑이 만병통치약으로 통하는 시대에, 사랑하기도 부족한데 우리는 왜 혐오할까요? 사랑이란 무엇이며 성이란 무엇일까요? 사랑보다 앞선 정동이 '원초적 혐오'일 수 있어요. 사랑과 원초적 혐오를 언급하기에 앞서 우선 오래된 사랑의 기원에 관해 먼저 이야기해보죠. 고대 그리스인들은 사랑에 관해 무슨 말들을 했는지 한번 살펴보고자 합니다.

사랑의 기원과 원초적 혐오

고대 그리스의 철학자 플라톤이 지은 『향연』이라는 책이 있습니다. 심포지엄symposium이라는 말은 많이 들어보셨을 겁니다. 보통은 모여서 회의하는 걸 떠올리실 거예요. 원래 이 말의 어원은 '함께'sym '먹고 마시는 것'posium입니다. 그래서 제목도 '향연'으로 번역한 거고요. 그렇다면 이 책에는 어떤 이야기가 담겨 있을까요? 간단히 말씀드리면 '사랑에 관한 대화록'입니다. 여러 사람이 자신의 사랑론을 설파하는 '경연'contest이기도 해요.

파이드로스, 파우사니아스, 에릭시마코스, 아리스토파네스, 아가톤, 소크라테스, 알키비아데스 등 당대 실존했던 유명 인사 일곱 명이 등장해 사랑을 이야기해요. 그중 가장 잘 알려진 것이 희극 작가인 아리스토파네스의 사랑 이야기입니다. 그가 말하길, 인간은 처음에 세 종류였는데, 남+남, 여+여, 남+여였다고 해요. 이들은 하나의 몸통에 두 개의 머리통, 네 개의 팔과 다리가 붙어 있는 원통형이었다죠. 이들은 완벽한 존재였대요. 머리통의 앞뒤에 붙은 네 개의 눈으로 미래와 과거를 동시에 볼 수 있었고, 네 개의 팔다리로 누구보다 빨리 달릴 수 있었고요. 여러모로 탁월하고 완벽한 인간이었던 거죠. 인간이 스스로 완벽하다고 생각하는 순간 오만에 사로잡히죠. 인간이 완벽하다면 불멸의 신이 되지 못하란 법이 어디 있겠어요? 그런 오만으로 인간은 신에게 도전하게 되었다죠. 제우스 신은 이 골치 아픈 인간들의 반란을 보면서 이들을 어떻게 혼낼까 궁리하다 묘수를 찾아내게 되죠. 인간을 절멸시키면 제사 지내줄 사람도 소멸되니까, 제물을 바칠 인간의 숫자는 두 배로 늘리면서도 인간의 힘은 절반으로 줄이는 방법을 찾아낸 거죠. 그것이 오만한 인간을 반으로 쪼개는 것이었죠. 그러자 인간은 잃어버린 반쪽을 그리워하면서 세상 끝까지 찾아 헤매느라 감히 신에게 도전할 엄두조차 내지 못하게 되었다는 겁니다. 이렇게 본다면 사랑이란 잃어버린 반쪽을 찾아가는 과정이다, 이런 얘깁니다. 많이 들어본 얘기죠? 운명의 짝이 짠 하고 나타나 허전한 내 반쪽을 채워줄 거라는 낭만적인 생각들 하잖아요. 그런 사랑 이야기의 원조가 바로 아리스토파네스입니다.

　그런데 여기서 주목할 것이 이게 꼭 남녀 사이만 해당하는 게 아니라는 거예요. 동성 간의 사랑도 마찬가지라고 아리스토파네스는 주장하죠. 실제로 그리스 시대는 남성의 동성애를 이상적인 형태로 보았습니다. 서구 학자들은 서구 문명의 기원으로서 그리스 도시국가를 자유롭고 이상적인 도시공동체였던 것처럼 미화해왔습니다. 하지만 그리스 사회 또한 가부장제 사회였고 남자 인간을 보편적인 이상으로 삼았죠. 그리스 사회에서 모든 사람에게 자유가 보장되었던 것은 아닙니다. 남자 시민에게만 자유가 보장되었던 것이죠. 자유 시민으로서 남성이 누렸던 특혜는 여성과 노예의 노동이 있었기에 가능했습니다.

인간의 본질이 자유에 있다고 한다면 자유로운 남성 시민만이 인간에 해당하게 되죠. 그래서 향연 참가자들은 이상적인 남성과 이성적인 남성의 결합을 가장 이상적인 결합으로 보았습니다. 나이 들고 지혜로운 남성 자유시민 멘토와 나이 어린 소년 멘티와의 사랑이야말로 그리스 사회의 지도자를 육성하는 이상적인 사랑이자 교육적 프로그램이었던 셈이죠. 이성애가 당연하고 특권적인 위치가 아니었다는 겁니다. 지금 기준으로 보면 이해가 잘 안 되지요. 그리스 당대의 최고 철학자, 의사, 작가, 지식인들이 모여서 '동성애, 소년 성애, 원조 교제'를 아름다운 사랑으로 권장하는 꼴이니까요. 이성애가 '강제된', 그래서 이성애가 지배적인 사회에서 살아온 사람들은 동성애를 '자연의 질서'에 위배되는 행위, 혹은 '변태적인' 사회악으로 보잖아요. 그러나 이런 이성애의 특권화는 자연의 질서이자 당연한 진리가 아니라 시대적 요청에 따라 바뀔 수 있는 사회적 구성물일 뿐이라는 거지요. 고대 그리스 사람들이 이를 잘 보여주죠.

『향연』에 등장하는 또 다른 인물인 알키비아데스의 사랑 이야기를 들어볼까요. 당대의 꽃미남이자 젊은 정치가이며 자신만만한 귀족이었던 이 청년은 누군가를 만나는 순간 삶이 180도 바뀌어버립니다. 뜨거운 열망에 사로잡혀 자존심, 명예, 품위 등을 내팽개치죠. 과연 누가 오만한 귀족 알키비아데스를 이렇게 만들었을까요? 여러분, 놀라지 마세요. 그가 사랑한 사람은 추남으로 유명한 소크라테스였습니다. 그는 이성적으로 이해할 수 없는 사랑 때문에 상처입고 괴로워합니다. 당대 최고의 꽃미남이었던 알키비아데스는 괴로운 마음을 달래려는 듯 '외모 지상주의자'처럼 소크라테스의 형편없는 외모를 비하하죠. 납작하고 넙데데한 코, 퉁방울눈, 커다란 머리통, 이처럼 늙고 못생긴 그에게 매달리는 자신을 저주하기도 합니다. 알키비아데스는 그런 사랑으로 평생 벗어날 수 없을 것 같은 고통을 경험했다고 고백합니다. 때로는 소크라테스가 차라리 죽어버렸으면 좋겠다고 생각할 정도로 말이지요. 사랑의 상처가 너무 고통스러워서 소크라테스를 증오하고 저주하기도 합니다. 자신을 그처럼 취약하게 만들었으니까요. 소크라테스는 그에게 수치심을 느끼게 한 유일한 사람이었거든요. 소크라테스를 만나기 전까지 알키비아데스는 그리스의 뭇 남성과 여성들의 연인이었던 인물이었으니까요, 마치 나르키소스처럼요.

　여러분, 알키비아데스는 당대 그리스인들에게는 페리클

레스 이후 날로 쇠퇴해가는 아테네 민주주의를 상징하는 정치가였고, 언젠가 망명에서 돌아오길 고대했던 용감한 장군이기도 했습니다. 그런 남자가 소년 시절 소크라테스를 유혹하기 위해 별의별 짓을 다 했다고 고백합니다. 하지만 소크라테스는 꿈쩍도 안 했습니다. 소크라테스의 철학이 뭡니까? 인간은 자기 절제를 통해 완전성에 이를 수 있다는 것이잖아요. 그에겐 사랑이 궁극적인 목표가 아니었죠. 사랑은 불멸의 진리에 도달하는 사다리였을 뿐이죠. 그런 소크라테스였으므로, 부질없이 사라질 아름다운 대상을 소유하고 육체적인 관계를 맺는 것은 너무 허망해서 상상할 수조차 없었겠지요.

알키비아데스는 좌절합니다. 좌절을 경험한 적이 없었던 그는 사랑 앞에서 자신이 얼마나 나약한 존재인지 깨달아요. 이것이 『향연』에서 그가 고백한 사랑이었어요. 사랑은 완전성에 이르는 것이 아니라 나약하고 취약해지는 것이라는 점을요. 우리가 어찌 상처입지 않고 사랑할 수 있으랴, 가 알키비아데스의 입장이었던 거죠. 그의 사랑관은 소크라테스의 사랑관과 충돌할 수밖에 없었습니다.

미국의 철학자 마사 누스바움은 『향연』 중에서도 특히 이

대목에 주목합니다. 누군가를 사랑하면 취약해질 수밖에 없다는 알키비아데스의 고백이 사랑의 본질을 말하고 있다고 봐요. 누스바움에게 인간은 소크라테스가 파악한 것처럼 강인하고 자기 동일적인요즘 말로 고정된 정체성 존재가 아닙니다. 외려 인간을 인간답게 하는 것은 알키비아데스가 말한 나약함, 취약성이에요. 그것이 우리 인간을 사회적인 존재로 만든다고 봅니다. 인간이 스스로 완벽한 존재라면 왜 다른 사람이 필요하겠어요. 아무리 강한 사람도 혼자 살 순 없잖아요. 보호자의 도움을 받아야 어른이 되고, 어른이 된 다음에도 끊임없이 누군가와 협력해야 합니다. 인간은 무수한 관계 맺기에 의해 형성되는 존재죠. 근본적으로 취약한 존재이기에 사회적 관계망 속에서 서로 경쟁하고, 증오하고, 적대하면서도, 공존하고, 공감하며 살아가는 것이지요.

마사 누스바움은 인간이 이러한 본질적인 취약함을 스스로 인정하지 못할 때 '혐오'가 발생한다고 봅니다. 자기가 약하다는 걸 인정하기 싫어서 그런 취약함을 드러내는 상대를 혐오한다는 거예요. 일리가 있지 않나요?

인간은 자신을 볼 수 없죠. 인간의 눈은 스스로를 보지 못해요. 타자라는 거울을 통해서만 자신을 바라볼 수 있습니다. 그러므로 상대가 있기 때문에 '나'가 존재해요. 우리가 태어나서 가장 먼저 마주하는 타자는 바로 어머니입니다. 여기서 '어머니'란 가부장 질서하에서 육아를 담당하는 여성을 말하지 않습니다. 누구든지 돌보는 사람이죠. 따라서 아이를 돌보는 아버지 또한 여기에 해당합니다. 어린아이들은 자신을 돌보는 어른이라는 거울을 통해 자신을 인식합니다. 이때 아이들은 절대적으로 보호자에 의존해요. 그들에게 버림받으면 생존이 불가능하니까요. 인간이라면 누구나 이런 취약한 단계를 거칩니다. 아이들은 보호자에게 절대적으로 의지할 수밖에 없는 만큼 상대에게 두려움과 혐오를 동시에 느껴요. 바로 그렇기 때문에 절대적인 권력을 쥐고 있는 타자를 이상화하고 동경합니다. 공포와 혐오감을 사랑으로 치환한다는 거죠. 그래야 생존 가능성이 높아지니까요. 자신의 생사여탈권을 쥔 사람에 대한 두려움이 사랑으로 바뀐다는 거예요. 예를 들자면, 자신을 인질로 잡은 사람에 대한 공포를 사랑으로 착각하는 '스톡홀름 증후군'에 비유할 수 있겠습니다.

우리는 부모님의 사랑은 무조건적이며 숭고하다고 믿지요. 이를 '인질'에 비유하다니 말도 안 된다고 생각하시는 분들도 있을 거예요. 하지만 숭고한 사랑 역시 우리가 견디기 위해 만들어낸 허구에 불과한지도 모릅니다. 부모 자식 간의 사랑에는 서로가 서로에게 볼모가 되는 측면이 있어요. 오늘 강의에 오신 분들 중에 아이를 누군가에게 맡기고 나오시면서 해방감을 맛보신 분이 계신가요? 평소에는 아이에게 볼모 잡혀 있었으니까요. (웃음)

아이를 키우면서 직장 생활을 한다는 게 얼마나 어려운지 경험하지 못한 사람들은 잘 몰라요. 양육을 도맡고 있는 여성은 아이들이 그냥 자라지 않는다는 걸 너무 잘 알아요. 내가 돌보지 않으면 아이가 제대로 클 수 없다는 사실을 말입니다. 이 얼마나 커다란 책임감이자 두려움입니까. 갓난아기야말로 세상에서 가장 취약한 존재잖아요. 아이 입장에서 볼 때 엄마는 최고의 권력자이지만 엄마 입장에서는 아이에게 볼모로 잡힌 나약한 인간에 불과합니다.

엄마의 입장에서 아이에게 사랑의 감정만 있는 것이 아니라, 아이 때문에 사회에서 낙오될 수도 있다는 두려운 감정도 섞여 있어요. 사회적 낙오에 대한 불안감이 엄마에게 스멀스멀 스며들게 되지요. 무력한 아이는 자신이 버림받을 수 있다는 불안감에 사로잡힌다는 것은 말할 필요조차 없겠지요. 한 사회가 아이를 보호해주지 않으면 그 아이는 평생 불안에 시달릴 수밖에 없습니다. 이때 '사회'는 부모일 수도, 학교 공동체, 지역 사회, 국가까지 포함되겠지요. 존재론적으로 보자면 인간은 이처럼 취약한 존재예요. 그렇기에 태어나서 불안, 공포, 혐오와 같은 부정적인 정서가 먼저 형성된다는 것이죠.

처음으로 입안에 무엇인가가 들어왔을 때, 그것이 독인지 약인지 아이는 구별하지 못합니다. 입안으로 들어오는 모든 것을 삼키면 생존 확률이 떨어지죠. 자신에게 맞지 않는 역겨운 것들은 토해야 생존이 가능해요. 그래서 '원초적 혐오'는 자기 보호에서 비롯된 것이기도 합니다. 좋은 것은 삼키고, 나쁜 것은 토하는 것. 그야말로 나에게 달면 삼키고 쓰면 뱉는 것이죠. 이때 나에게 좋은 것은 선한 것, 나에게 나쁜 것은 악한 것이라는 이분법적인 윤리적 판단이 형성되기도 한다는 것이죠. 자기와 다른 타자_{부패한 음식, 오염된 물, 독을 주는 자 등}는 나쁜 것이니 토하고 혐오해야만 자기 보호가 가능하니까요.

채워지지 않는 결핍-인간의 취약성

갓난아이의 눈으로 세상을 한번 볼까요? 아기의 눈앞에 자신의 생존을 좌우할 사람의 얼굴이 보입니다. 아이는 아직 인지능력이 미성숙해서 세계와 자신을 분리하지 못하는 미분화 상태입니다. 즉, 나와 타자, 주체와 객체, 능동적인 것과 수동적 것을 구별하지 못합니다. 구강 단계에서 아이는 세계를 입으로 인지합니다. 말하자면 아이에게 세계는 자기 입으로 들어오는 젖가슴인 셈이죠. 아이는 젖가슴을 통해 자신의 욕구를 충족시킵니다. 이 단계에서 아이에게는 엄마가 아니라 부분 대상인 젖가슴이 세계가 됩니다. 아이는 배가 고프면 젖을 달라고 울고, 배변을 하고 나서는 기저귀를 갈아 달라고 웁니다. 이러한 요구가 즉시 채워지지 않으면 아이는 외부로부터 자신에게 박해가 가해진다는 박해 환상에 시달리기도 합니다. 박해 환상으로 인해 상대를 찢어발기고 싶어 하기도 하죠. 그래서 엄마의 젖꼭지를 잔혹하게 깨물기도 한다는 겁니다.

아동 정신분석가인 멜라니 클라인은 영유아들의 무의식 세계를 탐구합니다. 그녀는 연구를 통해 생후 3~4개월 아이들은 손가락 하나 자기 맘대로 움직일 수 없는 절대적으로 무력한 상태라는 점에 주목합니다. 아이는 자신의 절대적인 무력감 때문에 상대인 엄마를 전지전능하게 여기게 됩니다. 게다가 주객의 미분화 상태이므로 상대의 전지전능함을 곧 자신의 전지전능함으로 역전시킨다는 겁니다. 자기가 완전한 존재, 말하자면 자신이 전지전능하다는 원초적 나르시시즘이 이때 형성된다는 것이죠. 그 과정에서 두려움, 불안, 분노 같은 다양한 감정들이 만들어져요.

하지만 입으로 세계를 인식하는 구강 단계를 벗어나고 언어를 통해 엄마와 소통하게 되면서 아이는 일대 전환을 맞게 됩니다. 보호자와 자신 즉 둘만의 관계에서 언어의 세계, 즉 제3의 세계로 진입하게 됩니다. 인지능력이 발달하면서 자신이 얼마나 취약하고 보잘것없는 존재인지를 깨닫게 돼요. 자기의 취약성으로 인해 대상인 엄마를 파괴하려고 했던 것에 대해 우울증 단계로 접어든다고 합니다. 인지능력이 성숙해지는 이 단계에 이르면 아이는 엄마가 단지 젖가슴과 같은 부분 대상이 아니라 온전한 인격체임을 알게 되고 자신을 돌봐주는 대상으로서 엄마에게 감사하는 마음을 느끼게 된다고 합니다.

인권, 여성의 눈으로 보다
성, 사랑 그리고 혐오

앞서 마사 누스바움이 인간의 취약성에서 '혐오'가 나온다고 했었죠. 클라인의 대상관계 이론에서도 같은 결론을 확인할 수 있어요. 자신이 취약한 존재라는 사실을 뒤집기 위해 자신을 전능한 존재로 착각합니다. 자기가 전능한 세계 즉 완전한 유토피아에서 만들어지는 윤리관이 무엇일까요? 바로 선악의 이분법입니다. 이 세계에서는 나에게 좋은 것은 '선'이고 '정의'예요. 반대로 나쁜 것은 '악'입니다. 관계도 마찬가지입니다. 나한테 좋으면 이웃이고 나쁘면 적입니다. 갓난아기들의 세계가 바로 그래요. 자기중심적이며 이분법적입니다. 물론 인간이 항상 이런 세계에만 머물러 있지는 않지요. 성장하고 어른이 되면서 원초적 나르시시즘은 깨지고, 사회화되면서 세계를 이해하게 됩니다. 그럼에도 이 시기의 경험은 끈질기게 되돌아오는 경향이 있다는 것이죠. 성인이 되어서도 내 안의 어린아이가 불쑥불쑥 튀어나와요.

세상은 자기를 중심으로 돌아가는 게 아니거든요. '나'가 존재하기도 전에 이미 사회가 있었고 언어의 세계가 있었어요. 그럼에도 우리는 세계를 자기 기준으로 해석하는 경향이 있어요. 그 극단에 있는 것이 선악의 이분법이라고 할 수 있어요. 그래서 자신이 정의롭고 올바르다고 생각하고 그 기준이 오로지 하나라고 생각하는 사람은 그렇지 못한 대상을 못 견뎌합니다.

인간의 발달과 성장은 직선적으로 이루어지지 않습니다. 나이가 든다고 성숙하고 진화하고 발전한다고 말할 수 없어요. 마흔, 쉰이 되어서도 여섯 살, 열 살의 단계가 끊임없이 되돌아옵니다. 과거의 내가 현재의 내 안에 나이테처럼 구성되어 있기 때문이에요. 과거의 나는 끊임없이 현재의 내게 영향을 미칩니다.

그래서 초창기에 만들어진 혐오라는 정동이 우리 안에 늘 남아 있어요. 생존을 위해 만들어진 정동인 '혐오'는 자기 자신을 향할 수도 있습니다. 자신을 깨끗하고 완벽한 존재로 만들고자 이를 바깥의 대상에 투사합니다. 외부의 타자에게 역겹고 혐오스러운 자신의 것들을 투사하고 부려놓음으로써, 나는 깨끗하고 정결하고 윤리적으로 올바른 사람이 되는 거예요.

그래서 혐오는 굉장히 끈질긴 감정이에요. 난 혐오감 그런 거 없는데? 이렇게 쉽게 이야기할 수 없어요. 언제든 내 안에 잠재해 있다가 불쑥 튀어나올지 모릅니다. 원초적 혐오는 누구에게나 내재된 감정입니다. 혐오가 자신의 취약성에 대한 반작용이라는 점을 이해한다면 타인을 비난하고 혐오하는 대신 자신을 성찰할 수는 가능성이 좀 높아지지 않을까요? 마사 누스바움의 말처럼 혐오의 이면에는 사랑받고 싶은 욕망, 인정받고 싶은 욕망이 깔려 있으니까요.

우리는 보통 인간을 합리적인 존재로 이해합니다. 현대는 이를 기반으로 구성된 사회입니다. 가장 대표적인 게 바로 '시장'이지요. 시장은 개인이 합리적으로 판단한다는 전제로 운영됩니다. 그래서 시장 경쟁은 자유롭고 합리적이고 공정한 것이라는 허구를 전제하게 됩니다. 따라서 경쟁에서 이긴 사람이 보상받는 게 당연하다는 바로 그 시장 논리입니다. 하지만 정신분석학이 등장하면서 인간의 합리성에 대한 신화가 깨집니다. 인간의 이성은 무의식이라는 바다에 떠 있는 섬 같은 존재일 뿐이에요. 인간이 '이성적으로 행동'하려면 많은 에너지를 쏟아야 해요. 무의식적인 욕망을 억눌러야 합니다. 그런 시도는 반드시 성공하는 것도 아니에요. 그래서 실패했을 때 우리는 죄의식이나 수치심을 느낍니다. 이런 수치와 죄의식은 혐오의 또 다른 자원이 됩니다.

혐오와 관련해서 최근 특별한 경험을 했는데요. 대학 은사님 한 분이 어느 날 태극기 집회에서 찍은 사진을 저와 동료 교수들에게 보냈습니다. 보수적이지만 온건하고 합리적인 분으로 기억하고 있던 저는 조금 놀랐습니다. 그런 분이 왜 하필 태극기 집회에서 혐오의 구호를 외치고 있는 걸까? 곰곰이 생각해보았습니다. 정년 퇴직을 하고 나서 느끼는 소외감, 사회적으로 역할이 없어졌다는 데서 오는 자괴감 때문은 아니었을까요? 분노와 수치심은 동전의 양면 같은 것이 아닐까? 하는 생각이 들었어요. 극우 집회는 이런 감정들을 외부로 투사할 기회가 되니까요. 타자를 욕하고 비난함으로써 자기 존재감을 확인하고 사회적으로 여전히 영향력을 미칠 수 있구나 하고 생각할 수 있잖아요. 어쩌면 그런 '혐오'의 감정이 극우 집회의 동력이 아닐까 하는 생각이 들었습니다. 온라인 커뮤니티인 '일베'도 그렇지요. 이들의 극우적 게시물이나 퍼포먼스로 이슈가 되면, '내 말 한마디가 사회적으로 대단한 영향을 미치는구나. 내가 굉장히 대단한 사람이구나.' 이렇게 느낄 수 있잖아요. 그런 것을 '주체화의 열정'이라고 말하기도 합니다.

여성 혐오로 연대하는 20대 남성 현상

2019년 4월 여성정책연구원 주최로 '2019년 변화하는 남성성'이라는 주제로 열린 세미나에서 나온 이야기를 잠깐 소개하지요. 지금 한국 사회에서 20대 남성은 하나의 '현상'으로 읽힙니다. 그 핵심은 바로 '박탈감'이에요. 문제는 이들이 '반페미니즘'에서 자신들의 정체성을 찾는다는 겁니다. 쉽게 말씀드리면 여성 혐오를 통해 남성 연대homosocial의 결속력을 다진다는 것이죠.

제가 과장하는 게 아닙니다. 예전에는 한 사회에서 20대를 규정할 때 X세대니 N세대니 했잖아요. 그런데 지금은 여성 혐오 세대라고 할 정도로 여성 혐오 의식이 광범위하게 퍼져 있어요. 오늘날 한국 사회에서 여성에게 가장 적대감을 보이는 게 20대라는 겁니다. 정말 놀랍고 의외인데 연구 결과가 그래요.

남자들이 어떤 커뮤니티에 처음 들어갈 때 왠지 어색하고 주눅이 들면, 같이 여자 욕하면서 우리는 하나다, 라고 동지 의식을 느끼면서 서로 뭉친다고 해요. 실감이 잘 안 나죠? 좀 더 나이 든 세대의 여성 혐오는 체감이 되는데 20대의 혐오는 감이 잘 오지 않습니다. 이유는 이들의 여성 혐오가 주로 사이버 공간에서 이루어지기 때문이죠.

맞벌이가 대세인 30대 남성들만 해도 여자들이 얼마나 사회적으로 고립되는지 볼 기회가 있지요. 다 같이 대학 교육을 받고 취업해서 동료로 일했던 여성이 결혼, 임신, 출산하는 순간 육아 문제에 부딪히게 됩니다. 육아로 어떻게 '경력 단절녀'가 되는가를 옆에서 목격했던 남성들은 여성문제에 관해 어느 정도 이해하고 협조적일 수 있죠. 50~60대는 어떤가요? 아내가 어떻게 시집 가족들을 건사해왔는지, 가정을 유지하기 위해 얼마나 고생했는지 압니다. 어머니, 아내가 어떻게 살아왔는지 눈으로 봤거든요. 그들이 어렸을 때만 해도, 가난한 집안의 딸들은 아들을 공부시키려는 부모의 뜻에 따라 자신을 희생했죠. 집안의 딸들이 공부를 포기하고 공장에서 일하면서 집안의 남자들 뒷바라지하는 걸 보고 자란 세대입니다. 예전에는 교육이 신분 상승의 좋은 기회였잖아요. 그래서 어른들이 어떻게 합니까? 장남이나 남자를 밀어줍니다. 대신 여자들은 학교를 안 보내요. 딸이 공부를 더 잘해도 아들을 밀어주는 게 사회적으로 성공할 확률이 훨씬 높았으니까요. 딸은 기껏 성공했다 하더라도 시집가면 남의 집안 식구라는 의식도 강했고요. 그래서 그 세대 남자들은 여자들에게 미안한 마음이 있지요.

지금 20대는 자라온 환경이 다릅니다. 적어도 교육에서 여자들이 차별받지 않은 시대가 되었거든요. 오히려 상위권은 여자들이 더 많습니다. 그러다 보니 '여자들이 무슨 차별을 받아?' 하고 생각해요.

초등학교 선생님들이 하시는 말씀이 여학생들이 수업 집중을 더 잘한대요. 남자애들은 쉬는 시간에 운동장으로 뛰어나가서 놀기 바쁘대요. (웃음) 결론은 혈기왕성한 남자아이들 앉혀 놓고 공부시키기 어렵다는 이야기였습니다. 온통 게임에만 빠져 있으니 더욱 그렇고요. 학업 성적은 여학생이 남학생을 이미 추월했다고 해요. 수학, 과학 분야까지도 여학생들이 남학생을 능가했고요.

어쨌든 오늘날 20대 남자들은 여자들이 차별당했다고 보지 않아요. 성차별은 없다. 오히려 여성 우대 정책으로 남성들이 차별당하고 있다. 그런 측면에서 공정하지 못하다고 주장합니다. 학교 성적이 우월했던 여자아이들이 훨씬 대접받았다고 말하지요. 대학 때까지 이런 흐름은 계속됩니다. 그러다 취업과 동시에 바뀝니다. 이 시기부터 남자들은 학력

성취도에서는 여성에게 뒤졌지만 직장에서는 자신들이 훨씬 더 뛰어날 수 있다고 믿는다는 것이죠. 회사는 여전히 가부상적인 체제로 유지되고 있거든요. 남성연대 시스템이 건재합니다. 구글에서 AI로 직원 채용을 실험했을 때 전원이 남성으로 뽑혔다는 건 유명한 사례잖아요. 그동안 모든 기준이 남성 위주였기 때문에 이러한 빅데이터에 기반해 선발한 결과가 놀랍지도 않은 것이죠.

무엇보다도 여자는 결혼하면 직장 생활을 지속하기 어렵다는 사실을 직장 상사들은 잘 알아요. 아무리 능력이 있어도 5년 이상 여성들이 버티기가 힘들다고들 합니다. 교사나 공무원처럼 출산 휴가가 보장되는 직장 빼고 일반 사기업은 대부분 그렇다고 해요. 그래서 일 잘하는 여성일수록 불리하다는 역설적인 현상이 나타나기도 합니다. 여성을 채용할 때는 남자들보다 1.5배 똑똑한 여성들을 뽑는다는 거죠. 어느 회사든 일 잘하는 사람이 더 많은 일을 하니까요. 그렇게 5년 정도 지나면 여성들은 지칠 대로 지칩니다. 능력은 부족하더라도 원만하게 회사 생활을 하는 남자 동기생들은 살아남는 반면, 지쳐서 결혼을 대안으로 선택한 여성들은 직장을 그만둔다는 거죠. 이런 상황까지를 회사는 이미 고려한다는 거죠. 회사 경영자들도 이런 사실을 잘 알고 있어요. 그래서 똑똑한 여성들 뽑아놓고 5년만 부려 먹자고 공공연히 이야기해요. 여자들 오래 버티지 않는다. 그러니 쓸 수 있을 때 최대한 활용하자는 것이죠. 번아웃된 여자들은 결혼을 하고 아이가 어느 정도 자라고 나면 다시 사회생활을 시작하겠다고 마음먹습니다. 그러나 '경단녀'를 다시 채용할 회사는 많지 않아요.

세상이 변했다고는 하지만 여전히 가부장적 역할 논리는 공고해요. 그래서 20대 남자들은 여자들이 차별받지 않는다고 생각하면서도 스스로는 차별적인 시선으로 여자를 바라보는 모순된 상황에 처해 있어요. 그런데 정말 여자들은 이제 차별받지 않나요? 간단한 통계만 봐도 그렇지 않다는 걸 금세 알 수 있어요.

우선, 같은 일을 해도 남자들보다 임금을 적게 받습니다. 남자들 임금의 70퍼센트 수준이고요. 대기업은 그 차이가 더 커서 51퍼센트에 불과합니다. 고위직으로 갈수록 여자가 없기 때문이에요. 말단에서 일하다가 5~10년 사이에 직장을 떠나는 사례가 많습니다. 여자들이 끝까지 살아남을 수 있는 구조가 아니에요.

임옥희

그런 상황을 잘 이해하고 있는 여자에게는 직장과 육아를 병행하고 나아가 시댁 식구들까지 챙겨야 하는 현실이 부당할 수밖에 없죠. 문제는 남자들은 그런 비판을 여자들의 이기심으로 받아들인다는 거예요. 이런 인식은 정부 정책을 결정하는 관료들에게서도 쉽게 찾아볼 수 있어요. 우리 사회가 여성의 사회적 역할을 그토록 중요하게 생각한다면 저출산의 책임을 여성에게 떠넘기면서 여자들의 선택을 비난할 게 아니라 왜 그런 선택을 할 수밖에 없는지 살펴야 해요. 그게 우선입니다.

20대 여성들은 더 이상 결혼에 흥미가 없습니다. 이렇게 불평등한 구조 속으로 뛰어드는 것을 이제는 거부하는 시대가 되었다는 거죠. 결혼하기보다 고양이 집사하면서 살겠다고들 하니까 1인 가구가 점점 늘어가게 됩니다. 혼자 살기 위해서라도 여성들은 직장을 가져야 하죠. 남성에게 경제적으로 의존하지 않고 독립적으로 사는 것이 어느 정도 가능하기도 하고요. 그러다 보니 구세대 남성에게 여성은 가족을 구성하는 파트너였다면 지금의 20대 남성은 여성을 경쟁자로 인식합니다. 자신들의 사회적 성취에 있어 경쟁 상대로 생각해요. 그것이 여성 차별을 이야기하면 20대 남성들이 분노하는 이유입니다. '여성 차별 좋아하네. 남성 차별이야.' 하면서 남자들끼리 뭉치자고 합니다.

앞서 말씀드렸듯이 이러한 현상은 사이버 공간에서 잘 드러납니다. 이런 혐오의 정동들을 마주할 때면 섬뜩해요. 악플에 시달리던 여성 연예인들이 자살을 해요. 그럼에도 악플은 끊이지 않습니다. 오히려 그런 사실에 더욱 자극받는다고 할까요? 왜 그럴까요? 제가 느끼기로는 이들은 그런 행위를 통해 자신의 힘을 확인하는 듯 해요. 그걸 놀이처럼 즐겨요. 악플이 일종의 밈meme, '짤방' 등 패러디물처럼 SNS에서 지속적으로 복제 전파되는 정보이 된 셈이죠.

비체-'제자리'를 벗어난 존재

영국의 문화인류학자 메리 더글러스는 한 사회가 혐오를 통해 타자를 배제하는 이유로 '질서 유지'를 들어요. 즉, 체제 유지를 위해 '차이'가 드러나는 존재들을 혐오한다는 말입니다. 가부장제 사회에서 여자들의 자리는 어디입니까? 가정이지요. 직장이나 가족이냐를 선택하라고 했을 때 대부분 여성은 가족을 선택합니다. 그러지 않으면 죄책감을 느껴요. '내가 직장 생활 하느라 아이를 제대로 못 돌봐서 성적이 떨어졌나. 그래서 성격이 삐뚤어졌나.' 남자들은 이런 생각을 하지 않지요. 그들에게는 당연히 직장이 있어야 할 자리이니까요.

간혹 가정이라는 자리를 벗어난 여성이 있습니다. 이들은 특별한 존재들로 여겨져요. 이때도 직장 생활 때문에 집안일을 소홀히 하면 비난의 대상이 됩니다. 그래서 가사노동을 병행하거나 외주화하여 시장에 맡겨요. 베이비시터를 들이거나 가사도우미에게 비용을 지불합니다. 이 말을 뒤집어보면, 직장 생활을 하지 않는 전업주부들이 하는 일은 무임금 노동이라는 뜻이 돼요. 가부장 사회에서 가사 노동은 제대로 평가받지 못합니다. '스위트홈'을 유지하기 위해 여자가 당연히 해야 하는 집안일일 따름이니까요.

'집안일'에서 벗어난 여성은 비난의 대상이 됩니다. 예외적으로 '집안일'도 잘하고 직장일도 잘하면 '슈퍼우먼'이라는 찬사를 받죠. 이건 현실과 먼 이상형을 만들어놓고 거기 맞추라고 강요하는 것이에요. 그럴 자신 없으면 제자리에서 순응하고 살라는 메시지이기도 하고요.

혐오는 '제자리'를 벗어날 때 생겨요. 우리는 어떤 사물이 제자리에 있지 않을 때 '역겹다'고 느낍니다. 빨갛게 버무려진 김치, 보기만 해도 먹음직스럽죠. 그런데 그 고춧가루가 치아에 끼어 있으면 어때요? 흉합니다. 지저분하다는 생각이 들죠. 같은 고춧가루인데 왜 이런 차이가 생길까요? 제자리에 있지 않기 때문입니다.

불가리아 출신 프랑스 철학자 줄리아 크리스테바는 이렇게 제자리를 벗어난 존재를 '비체'abject라는 개념으로 설명합니다. 비체는 우리 몸 안에도 있어요. 일례로 여러분이 더럽다고 생각하는 똥이 바로 그것이에요. 인간은 몸 안에 똥을 담고 사는 존재입니다. 음식을 소화하고 남은 배설물로 몸 안에 있을 때는 아무도 상관하지 않아요. 그런데 몸 밖으로 나오는 순간 혐오의 대상이 돼요. 내 안에 있는 것을 바깥으로 내보내고는 "아우, 더러워!" 합니다. 인간 생존을 위한 자연스러운 신진대사 현상이 혐오의 대상이 돼요.

우리의 몸은 늘 세계를 향해 열려 있습니다. 안에 든 것을 밖으로 내보내요. 땀을 흘리고 침을 뱉고 코를 풀어요. 내 몸에서 나오는 분비물들은 모두 생명 유지를 위한 활동입니다. 그런데 몸 밖으로 나온 그것들을 우리는 혐오합니다. 더러운 것들을 밖으로 내보내야 우리가 깨끗해진다고 생각해요. 여기에는 완전한 나, 아름다운 나라는 이미지가 작동해요. 사람들은 완벽한 몸을 위해 다이어트를 하고 운동을 합니다. 심지어 수술로 지방을 덜어내기도 하지요. 그렇게 해서라도 우리가 생각하는 이상적인 몸에 다가가려는 거예요. 단단하고 흘러내리지 않은 몸을 이상적인 것으로 간주하죠. 이상적인 몸에 덕지덕지 붙어 있는 지방처럼 '비체'는 혐오의 대상이자 제거하고 싶은 오점이자 얼룩이 됩니다.

비체는 고정되어 있는 것이 아니라 상황에 따라 사회적으로 만들어집니다. 어떤 존재의 제자리 혹은 부적절한 자리는 사회가 구별 짓는 것이니까요. 비체화의 대표 사례로 '맘충'이라는 말이 있죠. 맘충은 공공장소에서 아이들을 통제하지 못하는 여성들을 가리키는 혐오가 실린 말입니다. 남성들에게는 이런 말이 붙지 않아요. 엄마들이 집에서 아이들과 실랑이할 때는 이런 타이틀이 붙지 않습니다. 집안에서의 모성은 칭송의 대상입니다. 그런데 '집'이라는 '제자리'에서 벗어나 '공공장소'로 나왔을 때 엄마들은 '맘충'이 됩니다. '비체화'된 셈이죠. 사회적 역할에 따라 자리를 만들고 거기서 벗어나면 혐오의 대상으로 만들어버려요.

지금까지 나온 말들을 정리해볼까요.

혐오는 인간의 나약함, 취약성에서 나온다는 것, 이를 타자에 투사하여 혐오의 대상으로 삼으면서 자신이 완전하고 깨끗하다고 생각하려는 인간의 본성에 기인한다는 것, 남성들이 자신들의 정체성을 만들고 결속력을 강화하려는 시도로써 여성 혐오가 쓰인다는 것, 가부장 사회에서 여성들을 억압하는 방식으로 혐오가 작동한다는 것 등을 말씀드렸습니다.

모든 혐오는 사회적 약자를 향합니다. 만약 여성이 이 사회의 지배 세력이었더라면 혐오의 대상이 되지 않았겠지요. 성 소수자, 장애인, 이주민 등도 마찬가지입니다. 한 사회의 구성원을 열등한 존재로 취급하고 혐오하는 사회에서는 누구도 행복하지 않습니다.

서로의 취약함을 인정하고 서로 돕고 살아가는 사회와 혐오의 언어로 자신의 정체성을 만들어가는 사회는 분명히 다릅니다. 어떤 것이 정말 우리를 인간답게 하는지, 고민해보아야 할 시점이라고 생각해요. 제가 오늘 이야기하고자 하는 내용은 여기까지입니다.

사회문화적 현상으로서 여성 혐오

청중: 학교에서 학생들을 가르치고 있습니다. 요즘 학생들은 공정성에 상당히 민감해요. 상위권 학생들은 자기들이 더 좋은 대학에 가서 더 많은 혜택을 받는 게 공정하다고 생각해요. 그런 상태에서 대학 서열화나 입시 위주의 학교 교육에 대한 비판이 먹히지 않습니다. 경쟁 위주의 공정성에 대한 학생들의 질문에 어떻게 대답을 해야 할지 막막해요. 여기에 대해 어떤 생각이신지요.

임옥희: 경쟁 시스템에 길들여진 학생들에게 사회적 약자에 대한 배려, 시스템 자체에 대한 문제 제기 등이 잘 받아들여지지 않아요. 상위권 대학 학생들은 기업에서 '스펙'을 보지 않고 블라인드 채용을 하는 것에 대해 비판적이에요. 왜 자기들이 타 대학 학생들하고 똑같은 대접을 받아야 하느냐, 서류 면접에서 상위권 대학을 우선하는 게 당연하지 않느냐는 거예요. 기회의 균등이라는 취지를 아무리 설명해도 납득을 못 합니다. 그럴 때 제가 드는 예가 있습니다.

2017년에 문재인 정부 들어서 청와대 별정직 공무원 여섯 명을 뽑았어요. 이때 최초로 블라인드 채용을 도입해서 나이, 학력, 성별을 감안하지 않고 실력대로 뽑습니다. 결과가 어땠을까요? 놀랍게도 전부 여자예요. 만약 이력서를 보고 출신 대학별로 나누고 했으면 결과가 어떻게 달라졌을지 모르죠. 언론에서도 이 내용이 화제가 되었는데요. 만약 블라인드 채용을 안 했는데도 이런 결과가 나왔다면 역차별이라고 말이 많았을 거예요.

경찰 공무원 뽑을 때 여성 경찰 비율을 15퍼센트로 올리자고 했을 때 역차별이네 뭐네 난리가 났잖아요. 아예 할당제를 폐지하자는 국민청원이 청와대 게시판에 올라올 정도로 남자들의 반발이 심했습니다. 특히 취업을 앞둔 20대 남성들이 그랬죠. 이 사람들에게 우리 사회의 남성 카르텔이라는 실질적인 차별에 대해서 아무리 설명을 해도 이해를 못 해요.

남자들이 정말 능력이 뛰어나서 일자리를 많이 점유하고 있다면 앞서 블라인드 채용 결과는 뭔가요? 정말 상위권 대학 졸업생들이 일을 잘해서 대기업에 취직하는 걸까요? 앞서 청와대 합격자 중에는 이력서에 출신 대학을 기재했다면 통과하지 못했을 친구들도 있었어요. 실력은 출신 대학과 무관하다는 증거예요.

좋은 대학에 진학한 친구들은 자기가 잘해서 된 줄 알아요. 하지만 이런 '능력'에는 부모님의 재력, 정보력, 문화적 자산 등이 포함됩니다. 가난하거나 부모들이 자식 교육에 신경 쓰지 못할 처지에 있는 아이들은 출발선이 달라요. 그런데도 학생들의 머릿속에는 오로지

임옥희

'공정성' 딱 하나만 있습니다. 아무 걱정 없이 책상 앞에 앉아서 온전히 공부에 집중할 수 있는 것 자체가 특권이라는 생각을 못 해요. 그러지 못하는 사람들은 그저 운이 나쁜 것이라고 생각합니다.

우리는 '공정함'의 정의를 다시 내려야 한다고 생각해요. 자기 능력 안에는 다양한 사회적 자원을 포함한다는 점을 알아야 합니다.

청중: 보통 이성 간 차별에 대해서 이야기하는데 같은 성끼리도 차별하고 혐오할 때가 있습니다. 즉, 혐오가 젠더만의 문제가 아니라고 생각해요. 예를 들어 학교에서 학생 간, 교사와 학부모 간, 학생과 교사 간에도 혐오 문제가 생겨요. 이를 해결하는 좋은 방법이 있을까요?

임옥희: 남성 그룹 사이에서도 위계가 있고 차별과 혐오가 있습니다. 여성들 사이에서도 마찬가지고요. 학교라는 공간은 서로 다른 정체성을 가진 그룹이 존재합니다. 학부모-교사-학생이 그렇지요. 그래서 혐오의 문제가 발생했을 때 먼저 권력관계를 파악하라고 말씀드리고 싶어요. 힘 있는 쪽에서 약한 쪽을 차별하고 괴롭힘으로써 자신의 힘을 과시하려고 하지는 않는지, 자기 패거리를 결속시키기 위해 만만한 상대를 골라 괴롭히지는 않는지 보세요. 가해자가 자기

도 모르는 숨은 동기를 이해하도록 도와야 한다고 봅니다. 혐오를 없애려면 자기를 성찰하고 타자의 입장에서 보아야 해요. 처벌만으로 혐오를 근절하기는 어렵습니다. 학내 괴롭힘 문제도 이렇게 접근해야 한다고 봐요.

청중: 대상관계 이론에 대한 말씀 잘 들었습니다. 엄마와 유아의 관계에서 발생하는 혐오의 감정이 인상적이었는데요. 한 아이의 엄마로서 뭔가 부족하지 않았나 하는 생각이 들면서도 한편 그런 분석이 과연 타당한가 하는 의구심이 들었어요. 정신분석학에서는 항상 엄마의 역할을 강조하는데 혐오의 원인을 유아의 경험에서 찾는 것에 한계가 있다고 생각합니다. 현실적으로 육아를 전담하는 여성들에게 죄책감만 심어줄 수도 있고요. 그보다는 사회 문화적 현상으로서의 혐오를 보아야 한다고 생각해요. 선생님 생각은 어떠신지요?

임옥희: 동감입니다. 그래서 정신분석학적 이론을 이야기할 때 제가 굉장히 조심해요. 모든 걸 엄마 탓으로 돌리는 시각에는 결코 동의하기 어렵지요. 그래서 저는 '엄마'를 특정 성별로 이해하지 않습니다. 육아를 담당하면서 유아에게 가장 강력한 영향을 미치는 존재, 세상으로 통하는 문 정도로 이해하면 되지 않을까 싶어요.

오늘날 아이를 키우는 사람은 엄마 혼자가 아닙니다. 가족이 있고 학교가 있고 지역사회 등의 공동체가 모두 영향을 미쳐요. 한 아이를 키우는 데는 온 동네가 필요하다는 서양 속담이 있습니다. 그렇지 않다면 국가에서 육아를 지원할 이유가 없겠지요.

제가 대상관계 이론을 말씀드린 이유는 인간의 취약성과 나약함이 어떻게 혐오라는 감정과 연결되는지 정신분석학적 관점에서 생각해볼 수 있기 때문입니다. 그렇다고 이 이론이 엄마의 역할을 과장하고 육아의 책임을 떠넘기는 근거가 될 수는 없습니다. 문제는 이런 관점을 이용하는 사람들이지요. 그 어떤 이론이든 혐오의 근거가 될 수 없어요. 그러니 죄책감을 느끼지 않아도 됩니다. 중요한 건 우리가 어떻게 혐오를 넘어설 수 있느냐 하는 거예요. 그 배경을 이해하는 것으로 충분합니다.

우리 시대
엄마의
사회학

로리주희 서울시성평등활동지원센터장

한국성폭력상담소와 한국여성단체연합에서 성, 인권, 복지 정책을 담당했다. 이후 '줌마네', '같이교육연구소' 등에서 여성 운동을 이어왔다. 지금은 서울시성평등활동지원센터장으로 일하고 있다. 함께 쓴 책으로 『엄마도 아프다』가 있다.

안녕하세요. 서울시에서 성평등 활동 지원을 하고 있는 로리주희입니다. 오늘 여러분과 나눌 주제는 '우리 시대 엄마의 사회학'입니다. 쉽게 말씀드리면 바로 우리 시대 아줌마 이야기예요.

'아줌마'가 된다는 것

저는 1991년부터 여성단체에서 활동하다가 2001년부터 '줌마네'라는 커뮤니티를 열었어요. 우리가 보통 '아줌마'라고 부르는 기혼 여성에 대해 관심이 많았거든요. 2012년까지 부대표로 있었어요.

요즘은 교육 현장이 많이 바뀌었지요. 교사의 영향력이 과거보다 줄었고요. 학부모나 아이들의 기대도 예전과 다릅니다. 좋은 점도 있어요. 학생들은 예전처럼 부당한 요구를 더 이상 감수하지 않잖아요. 아쉬운 점은 좋은 선생님들이 아무리 신념을 갖고 아이들을 가르치려 해도 받아들이는 사람들이 별로 관심이 없다는 겁니다. 그래서 선생님들도 무리를 안 해요.

학교가 시장화되다 보니 학생이나 학부모도 자신들을 소비자로 인식합니다. 소비자는 그저 좋은 상품을 원하죠. 여기서 좋은 상품이란 좋은 대학에 갈 수 있도록 지도하는 것입니다. 그게 학생이나 학부모의 주된 목적이니까요. 그래서 어떤 선생님이 자신의 신념이나 가치, 철학을 이야기하기가 어려워요. 받아들일 준비가 되어 있지 않으니까요.

대학도 마찬가지입니다. 강의 평가를 받게 되면서 교수들이 학생들 밥을 사요. (웃음) 그런데 학생들이 밥 잘 사준다고 결코 호의적이지 않아요. 오히려 불편해하는 학생들도 있어요. 밥을 얻어먹는 학생은 마음이 편하지가 않고 그걸 지켜보는 학생들은 왜 나한테는 밥을 안 사지? 혹시 무슨 이유가 있나? 이러면서 의심해요. 요즘 학생들이 불공정에 예민하잖아요.

그래서 저는 가르치는 학생들 전체와 식사할 게 아니면 아예 그런 기회를 갖지 말라고 합니다. 그만큼 교육 환경이 달라졌다는 말씀을 드리고요. 이런 상황에서 젠더에 대한 이야기를 하려면 좀 더 고민을 해야 합니다.

2001년에 줌마네를 열었을 때는 주된 대상이 고학력 전업주부였습니다. 이분들이 육아에 갇히지 않고 자기 삶을 개척해나간다면 세상이 더 나아질 거라고 생각했어요. 대표를 맡은 이숙경 씨나 저도 그런 사람들이었고요. 이런 기대로 시작했는데 20여 년이 지난 요즘 세상이 많이 바뀌었다는 걸 실감합니다. 우선 관심을 보이는 층이 젊어졌습니다. 30~40대 여성들의 참여가 늘었고요. 10~20대도 모임에 자주 보입니다. 이분들은 나이뿐만 아니라 생각도 다릅니다. 확실히 젠더 문제에 대해 진보적이에요.

이렇게 말씀드리면 어떨지 모르지만, 저는 젊은 시절부터 아줌마가 꿈이었어요. 대학 졸업하고 여성단체에서 일하면서 공부를 다시 하기 시작했어요. 출퇴근 거리가 꽤 되어서 신촌에서 자취를 했습니다. 그때 스스로 원칙을 만들었어요. 이곳은 '금남의 집'이다. 솔직히 여자 혼자 사는 공간에 남자를 들이는 게 저로서는 두려웠어요. 당시 한국성폭력 상담소에서 활동했거든요. 대학생 자원 활동가를 교육했는데 그중 남학생도 있었지만 저희 집에는 못 왔습니다. 어쩌면 사회적으로 혼자 사는 여자에 대한 시선을 내면화해서일 수도 있습니다. 이웃들에게 남자가 드나드는 집이라는 말을 듣고 싶지 않았던 거예요. 그렇게 낙인(?) 찍힐 수도 있다는 두려움이 컸습니다. 문제는 그러다 보니 불편했다는 겁니다. 자유롭지가 않은 거예요. 스스로 쳐놓은 장애물이 너무 많았어요. 아, 이 모든 게 내가 결혼을 안 해서 그런가 보다 하고 생각했습니다. 그래서 아줌마가 되면 거칠 것이 없겠다 싶었어요. (웃음)

1990년대 초반에 제가 여성학자 오한숙희 선생님 강의를 들은 적이 있습니다. 그분 말씀이 지방에서 기차를 타고 올라오는데 남자 둘이 술을 마시고 막 싸우더래요. 영등포역에 딱 정차했는데 내려서도 멱살 잡고 난리를 피웠대요. 그런데 주변 사람들이 아무도 안 말리더랍니다. 지금 같으면 핸드폰으로 찍어서 경찰에 신고했겠지만, 그 당시만 해도 괜히 엮일까 봐 모른 척했던 거죠. 이때 아줌마 한 분이 등장해 머리에 이고 있던 보따리를 탁 내려놓더니 한마디 했답니다. 다

큰 어른들이 여기서 뭐하는 거냐고. 그제야 왜 이제야 말리느냐는 듯이 머쓱하게 싸움을 멈추더라는 거예요. 그 얘기를 듣는데 아 정말 아줌마 멋지다, 싶더라고요. 저도 아줌마가 되면 그런 힘과 용기가 솟을 거로 생각했습니다. 눈치 안 보고 당당하게 살 수 있을 거 같았어요.

제가 20대였을 때는 젊은 여자들에 대해 굉장히 엄격했어요. 교정에서 담배라도 피우면 지나가던 남자 선배나 동기들이 뺨을 때렸습니다. 계집애가 어디서 담배를 피우냐면서요. 지금으로선 상상이 안 가죠? 어쨌든 그런 경험들을 직간접적으로 하다 보니 자연히 젊음이 족쇄다 싶은 마음이 생긴 거죠. 그래서 결혼을 했죠. 그런데 결혼을 했다고 아줌마가 되는 건 아닌 거예요. 애가 있어야 하더라고요. 아이를 낳지 않으면 아줌마들 축에 못 들어요. 그냥 결혼한 여자일 뿐입니다. 그때 느꼈죠. '아줌마'의 정체성은 육아와 교육이라는 걸 말이죠. 아이를 낳아서 어린이집이나 유치원, 학교에 보내야 비로소 아줌마가 됩니다.

'아줌마'가 아이들을 돌보는 사람이라는 정체성은 도대체 언제부터 생긴 걸까요? 오늘 그 이야기를 해보려고 합니다.

다시 학교로 돌아가 볼까요. 학교에서는 누가 권력자입니까? 학생은 아니고, 그럼 학부모일까요, 교사일까요? 제가 사는 지역의 학교 선생님을 한 분 압니다. 이분은 학부모이기도 한데 아이가 자꾸 문제를 일으켜요. 심각한 건 아니고 고만고만한 나이에 흔히 부릴 만한 말썽이에요. 학교에 가면 일단 잘 앉지를 않습니다. 산만하죠. 바로 담임선생님한테 연락이 옵니다. 애가 적응을 못 한다고. 이제 막 초등학교에 입학한 아이니 그럴 만하잖아요. 그런데 계속 학교에서 엄마를 불러요. ADHD주의력결핍 과잉행동장애 검사를 받아보라고 합니다. 당신도 교사인 이 엄마가 충격을 받죠. ADHD는 병이잖아요. 그런데 여러분, 이게 어떤 원인이 딱 밝혀진 게 아니라 드러나는 행동을 보고 판단하는 거라서 병원에 가면 진단이 나와요. 그럼 약을 먹게 되죠. 약 먹는다고 다 좋아지는 것도 아닙니다. 증상이 애매한 아이라면 더욱 신중을 기해야 해요. 그런데 학교에서는 통제가 안 되니까 일단 엄마를 불러다 놓고 검사를 받으라고 한 모양이에요. 지금 그 아이는 학교 잘 다녀요. 별문제 없습니다. 그럴 수 있어요. 학교 선생님도 나름 판단을 하신 거니까요. 그런데 그런 행동을 꼭 병리학적으로 해결해야 할까 하는 생각이 들더군요. 좀 더 기다려주면 어땠을까요? 어쩌면 수십 명 아이들을 통제하는 교실 상황에서 그 아이 하나만 따로 신경 쓰기가 어려웠던 건 아닐까요? 다른 상황 즉, 소수의 학생을 자유롭게 교육하는 환경이었으면 어땠을까요?

아이들은 언제든 변할 수 있습니다. 어른처럼 경직되어 있지 않아요. 그런 아이들에게 이른 나이에 병원에 보내는 건 최후의 선택이어야 한다고 생각해요. 스스로 행동을 통제할 기회를 줘야죠. 어쨌든 ADHD 진단도 유행처럼 번져 나갈 때가 있었습니다. 마치 척추 측만증 진단이 유행이었던 것처럼 말이죠. 정확하게 척추가 일자인 학생들은 많지 않습니다. 여기 계신 분들도 엄격하게 따지면 척추 측만 아닌 분이 없을 거예요. 그러면 자세를 바르게 하고 운동을 하는 식으로 개선할 수 있겠죠. 병리학적으로 접근한다고 모든 문제가 풀리는 게 아니라는 거예요.

자, 다시 그 선생님 이야기로 돌아와서요. 이분이 자꾸 아이 때문에 여기저기 끌려다니다 보니까 이번에는 다니는 학교에서 민원이 들어와요. 너무 자주 자리 비우는 거 아니냐고. 수업을 뺀 것도 아닌데, 그 반 학부모 입장에서는 불만족스러웠던 모양입니다. 왜 아이들을 방치하느냐고 따집니다. 복잡하죠? 그래서 앞서 드렸던 질문 '학교에서는 누가 갑이고 누가 을일까요?'의 답은 이렇습니다. 선생님도 학부모도 갑이 아니다. 아이를 키우는 아줌마라면 모두가 을이다.

제가 대학 내 성폭력 사건을 다루는 센터에 근무할 때 피해자와 가해자를 고루 만날 수밖에 없었는데요, 한번은 가해자 어머니를 만났습니다. 가해자가 보인 태도가 너무도 놀라웠거든요. 도대체 어쩌다 저런 괴물이 성폭력적 언행에 아무 죄책감 없는 생겨났을까 궁금했어요. 그런데 막상 가해자 어머니를 만나보니 저와 비슷한 또래예요. 여러 생각이 들더군요. 내 세대가 괴물을 키웠구나. 저는 제 나이대의 사람들은 그 이전 세대와 다른 감수성을 갖고 있을 거라고 생각했거든요. 조금은 진보적일 거라고 기대도 했습니다. 그런데 우리 세대가 인권을 중요하다고 생각하면서도, 자신의 권리만 주장하고 타인의 권리를 고려하고 인정하는 것은 못 가르쳐 괴물을 만들었다는 생각에 착잡했습니다. '아줌마'라는 존재에 대해 다시한 번 생각해보게 되었습니다.

인권, 여성의 눈으로 보다
우리 시대 엄마의 사회학

강남 엄마들은 불안하다

　제가 대학생들을 가르칠 때 희한한 광경을 목격했어요. 저는 모두가 원하는 상위권 대학에 왔으니 다들 자신감에 넘칠 거라고 생각했습니다. 그런데 그렇지가 않더군요. 모두가 자기보다 더 좋은 대학에 간 아이들과 비교해요. 국내 최고의 대학에 입학했는데 미국 아이비리그에 진학한 친구와 비교하며 안타까워합니다. 도대체 그 친구들이 만족할 만한 결과란 무엇일까? 궁금했습니다. 치열한 경쟁과 목표 앞에 삶의 가치가 실종됩니다. 제 눈에는 그렇게 보였어요. 우리가 인생을 살면서 공동체와 약속한 가치라는 게 있잖아요. 민주주의, 생태, 평화, 이런 보편적인 가치 말입니다. 지금 학생들 사이에는 이런 가치들이 보이지 않아요. 왜 그럴까요? 집에서건 학교에서건 한 번도 그게 자신의 삶을 나아지게 할 거라는 믿음을 가져본 적이 없기 때문입니다.

　제 조카가 초등학교 가기 전 일이에요. 집에서 키우던 햄스터가 죽었어요. 1년쯤 잘 키웠죠. 어느 날 아이 엄마가 퇴근해서 보니까 죽어 있더래요. 그날 제가 그 집에 갔어요. 보니까 조카 애들이 신이 났어요. 일곱 살, 네 살 아이들이 햄스터가 죽었다면서 팔짝팔짝 뜁니다. 남동생 내외를 불러놓고 긴급회의를 했습니다. 이거 문제 있는 거 아니냐. 돌보던 생명이 죽었는데 이런 반응이라니. 도대체 뭐가 문제일까?

제가 어릴 때는 집에서 키우던 금붕어가 죽으면 하루 종일 울었어요. 학교 앞에서 사온 병아리가 죽으면 뒷산에 묻어줬습니다. 무덤에 나무젓가락으로 십자가 만들어서 꽂아줬어요. 궁금했습니다. 그때의 나는 그런 애도의 마음을 어디에서 배운 걸까? 집안에 장례가 있으면 어른들이 저 같은 아이들도 데려갔어요. 사람들이 곡하고 우는 장면을 지켜보면서 애도하는 법을 알게 된 것 같습니다. 요즘 어린아이들은 그런 경험이 부족해요. 저희 아버지가 돌아가셨을 때도 동생 내외만 오고 아이들은 오지 않았던 것 같아요. 그래서 제가 말했죠. 아이들에게 애도의 시간을 주자.

그래서 아이들을 앉혀놓고 진지하게 이야기했습니다. 햄스터가 하늘나라로 갔다. 우리가 무언가 해야 한다. 너는 종이를 접어서 관을 만들고 너는 작별의 편지를 쓰렴. 제 동생인 아빠는 화단에 땅을 파서 무덤을 만들었습니다. 아이들과 함께 햄스터를 묻어주고 애도의 편지를 읽었습니다.

제가 말씀드리고 싶은 건 아이들의 공감 능력이에요. 오로지 일류대학을 목표로 살아온 아이들은 이런 공감 능력을 기를 기회가 없어요. 물론 개인마다 다르겠지만 적어도 자식들 진학을 최우선으로 삼는 부모의 인식 속에 공감이나 보편적 가치 등은 포함되어 있지 않다는 것은 분명해 보입니다.

여러분 드라마 <스카이캐슬> 아시죠? 한때 아줌마들이 모이면 다들 이 드라마 이야기를 했을 정도로 인기였습니다. 아이들을 일류대학에 진학시키려고 수단과 방법을 가리지 않습니다. 아이들에게는 오로지 공부, 성적뿐이에요. 우정이나 공정, 정의 따위는 가볍게 무시됩니다. 여기에도 다양한 아줌마 캐릭터가 등장해요. 염정아 씨가 연기한 인물은 전직 교사 출신 전업주부입니다. 아이를 서울대학교 의대에 보내려고 고액을 주고 유명 입시 코디네이터와 계약을 맺지요. 바로 서울대 의대를 보내기 위해 수단과 방법을 가리지 않는 "쓰앵님"이에요. 이분이 남긴 유명한 대사가 있지요. "어머님, 어머님은 저를 전적으로 믿으셔야 합니다." 그러다 문제가 생깁니다. 시험지를 몰래 빼돌리죠. 코디네이터가 지시했다는 사실을 알지만 이 엄마는 입을 닫습니다. 자기 딸의 미래를 망칠까 봐. 어떻게 여기까지 왔는데, 하면서 말이죠. 이런 억척 캐릭터가 있는 반면 또 다른 아줌마가 있어요. 이태란 씨가 연기한 캐릭터인데요. 이분은 동화작가예요. 남편은 의사이고 역시 스카이캐슬 입주민인데 다른 아줌마들과 달리 정의롭습니다. 불의를 인정할 수 없어요. 그래서 욕을 많이 먹죠. 현실에서 볼 수 없는 캐릭터잖아요. 어쨌든 그렇게 다양한 아줌마들이 드라마에 등장하는데 이들에게는 공통점이 하나 있습니다. 바로 '불안'이에요. 자식과 자신들의 미래에 대해 불안해합니다. 실패할까 봐, 이로 인해 비난받을까 봐 두려워합니다. 그런데 이게 '강남 엄마'들에게만 해당하는 걸까요?

저희 줌마네 회원 중에 강남에 사는 엄마가 있었어요. 이분이 줌마네만 오면 위안을 받는대요. 다른 동네 엄마들과 이야기하다 보면 자기가 잘못하고 있는 건 아니구나, 하고 위안을 받는대요. 저희는 2001년에 문을 연 이래 교육을 오후에만 합니다. 보통 다른 기관에서는 아줌마들 대상 강의나 교육은 오전에 해요. 남편, 아이들 보내놓고 왔다가 귀가하기 전에 집으로 돌아가는 코스죠. 저희는 반대로 합니다. 아이들 떼어놓고 오는 것을 연습하라고 의도적으로 그 시간에 해요. 그리고 절대 아이들은 못 데려오게 합니다. 여성단체에서 행사하면 아이 돌봄 프로그램을 운영하잖아요. 저희는 안 합니다. 독해지지 않으면 사회에 나갈 수 없다. 그러려면 마음먹은 지금 이 순간부터 연습해야 한다고 저희는 생각했습니다. 프로그램 중에는 당연히 핸드폰도 사용 못 합니다. 그런데 꼭 말을 안 듣는 아줌마가 있었어요. 언제 아이가 전화할지 모르기 때문에 그럴 수가 없다는 거예요. 그러면서 아이와 수시로 전화 통화를 합니다. 김밥 싸놨으니 먹어라, 몇 시에 어디 무슨 학원에 가라…. 2년 내내 그랬습니다. 그러다 1년쯤 더 지나서인가, 이런 말을 해요. 사실은 아이가 나를 필요로 한 것이 아니라 내가 아이를 필요로 했던 것 같다. 아이는 엄마가 옆에 없는 순간이 더 자유로웠을지도 모릅니다. 3년이 지나서야 그 사실을 깨달은 거예요.

그 엄마는 비싼 학원 안 보내면 왠지 할 일을 안 하는 것 같고, 자기 애만 뒤처지는 것 같고, 불안했던 거예요. 그런데 이분만 그럴까요? 강남이 아니라 전국 어디든 아이를 키우는 아줌마들이라면 공통적으로 느끼는 감정입니다.

줌마네에서 엄마들 만나보면요, 다들 아이에 대해 미안한 마음이 있어요. 내가 아무리 잘해도 부족하다고 생각하죠. 직장에 다니는 엄마들도 그렇죠. 중요한 시기에 함께 있어주지 못했다는 죄책감이 있죠. 그런데 여러분, 늘 아이랑 붙

로리주희

어 있으면 그런 마음이 사라질까요? 경험상 그렇지 않습니다. 외려 잔소리하고 싸우고 내가 왜 이렇게 시달려야 하나, 화가 나고 그럽니다. 이래도 저래도 마음이 불편할 수밖에 없어요.

2011년 줌마네에서 모모프로젝트를 진행했는데, '청소녀와 아줌마의 자립을 돕기 위한' 프로젝트였어요. 여기서 저희가 '어른질 안 하기' 연습을 했습니다. '어른질'을 다른 말로 하면 '꼰대질'쯤 되겠네요. 아이들은 진짜 자기들을 위하는 말은 귀신같이 알아들어요. 그런데 관심도 없이 애정도 없이 하는 잔소리는 절대 안 받아들입니다.

중학생 인문학 프로그램에 참석한 적이 있는데 그때 느꼈어요. 한 아이와 주차장에 있는데 누가 지나가면서 "야, 너 이름이 뭐야. 치마가 그게 뭐니?" 해요. 아이도 아이지만 저도 순간 너무 당황스러웠습니다. 나도 어른인데, 그럼 나는 뭐가 되나. 투명인간 취급받은 거죠. 그런데 이때 옆에 있던 애가 저한테 한마디 하죠. "선생님, 무시하세요." 하도 많이 들은 이야기라 신경을 아예 안 쓰는 거예요. 그런 말을 듣는다고 아이가 정말 '단정한 옷차림'을 할까요? 말하는 사람이나 듣는 사람이나 신경을 안 씁니다. 이런 게 바로 '어른질'이죠. 아이들에게는 어른의 진심이 필요합니다.

그래서 아이를 키우는 엄마들이나 아이들이나 행복한 상황은 아니다, 이런 말씀을 드립니다. 다음으로는 그럼 언제부터 여성들에게 이런 역할이 주어졌는지, 아줌마에 대한 사회적 역할은 어떻게 변화해왔는지를 살펴보도록 하겠습니다.

경쟁 시스템과 여성의 몸

2016년도에 나온 『엄마도 아프다』라는 책 2장을 보면요, '엄마로 사는 건 너무 힘들어: 과학적 모성의 불편한 진실'이라는 글이 나옵니다. 〈한겨레〉 이유진 기자가 쓴 글인데요. 대한민국에서 '엄마 되기'의 변천사를 살펴보고 있어요.

근대의 어머니들은 교육의 대상이었습니다. 어머니가 교육받아야 미래 세대가 올바로 서고 그래야 독립된 나라를 건설할 수 있다, 뭐 이런 논리였죠. 그러다 새마을운동 시기가 되면 '바른 주부'의 역할이 강조됩니다. 남편을 내조하고 자녀를 올바르게 양육하는 엄마들이죠.

참고로 이렇게 역사에서 여성의 역할이 주목받은 게 얼마 안 돼요. 세계 역사를 보면 알 수 있습니다. 불과 100년 전까지 여자는 시민이 아니었어요. 고대 민주주의 사회에서 민주주의 광장에 들어갈 수 있는 사람은 귀족 남자들뿐이었습니다. 여자와 노예, 어린아이들은 배제됐어요. 어떤 여성학자는 이를 두고 '노동하지 않는 성인 남자'로 표현하더군요. 지금은 노동이 굉장히 중요한 가치가 되었지만 그 당시에 노동은 굉장히 천한 가치였어요. 노예들이나 하는 일이었죠. 노예는 사람이 아니었어요. 그러다가 언제 모든 남성이 시민이 되느냐, 바로 프랑스 시민혁명 이후예요. 이때도 여자는 빠지죠. 격분한 여성들이 동등한 시민권을 요구합니다. 올랭프 드 구주라는 여성은 '여성^{la femmme}과 여성 시민^{la citoyenne}의 권리 선언'을 하지요. 혁명 당시 발표된 인권 선언 '인간^{l'homme}과 시민^{la citoyen}의 권리 선언'에서 '남자'를 '여자'로 바꾸었을 뿐인데 선포하자마자 경찰에 잡혀갑니다. 죄명이 무엇이었을까요? 본분을 거스른 죄입니다. 당시 여성의 '본분'은 자녀를 낳고 양육하고 가정을 돌보는 일이었어요. 광장에 나와서 연설을 하는 건 여성의 본분이 아니었습니다. 올랭프 드 구주는 구속 상태에서 두 가지 선택지를 받습니다. 앞으로 다시는 연설하지 않거나 죽거나. 그녀는 죽음을 선택합니다. 마지막으로 이런 말을 남기지요. "단두대에 오를 권리가 있다면 연설할 권리도 있다."

제가 이 말씀을 드리는 이유는 역사적으로 볼 때 '여성'은 관리의 대상이었다는 거예요. 국가가 나서서 여성의 역할을 규정하고 기획합니다. 오늘날 우리가 당연하게 생각하고 있는 '엄마의 역할'인 현명한 아내로 살기, 아이를 잘 교육시키고 양육시켜서 '사회의 일꾼'으로 만들기 등도 마찬가지입니다. 하지만 언제까지나 이런 강요된 역할에 순응할 수는 없는 일이죠.

20세기를 지나 신자유주의 시대에 들어서면서 대한민국에 각성한 엄마들이 등장합니다. 첫 번째가 2008년 광우병 파동 때 '유모차 부대'였죠. 미국산 소고기 수입에 반대하는 시위에 엄마들이 대규모로 동참합니다. 유모차를 끌고 광화문으로 몰려나오잖아요. 사람들이 깜짝 놀랍니다. 이후 중요한 사회 이슈가 등장할 때마다 엄마들이 목소리를 내기 시작해요. 이들은 과거와 달리 지식과 정보로 무장합니다. 아이들 건강과 관련한 정보를 파악하고 종합해서 자신에게 맞는 방법을 찾아요. 국가나 사회가 선별한 정보를 수동적으로 받아들이는 것이 아니라, 스스로 정보를 찾고 주체적으로 판단합니다. 이전에는 볼 수 없었던 모습이지요. 신자유주의 시대 이후 달라진 '아줌마'에 대해서 계속 말씀을 드릴게요.

지금 우리가 사는 사회는 과거와 어떻게 다를까요. 우선 무엇보다도 '경쟁'이 중요한 사회적 가치가 되었어요. 좀 더 구체적으로 말하면 경쟁을 통한 '성공'이지요. 요즘은 누구나 할 것 없이 부자가 되는 것을 최고의 가치로 삼잖아요. 남과 경쟁해서 성공하는 것이 인생의 목표가 되었습니다.

제가 강연할 때마다 보여드리는 영상이 있습니다. 무엇이 보이십니까? 하고 물어보면 이런저런 대답들이 나와요. 제가 보여드린 영상은 불꽃을 향해 뛰어드는 나방 떼입니다. 밤에 찍은 거라서 적외선 촬영을 했을 겁니다. 보면, 나방들이 계속 몸에 불을 붙인 채 날갯짓을 하며 날아다녀요. 불이 붙고 나서도 멈추질 않아요. 몰라서 안 멈추는 건지 관성으로 안 멈추는 건지 몰라도 결국 다 타 없어질 때까지 그래요. 끔찍하기도 하고 비극적이기도 하죠. 저는 이 영상을 볼 때마다 우리 삶에 대해 생각해보게 돼요.

저희 부모님 세대는 정말 열심히 살았습니다. '산업역군'이란 말을 들어가며 죽도록 일했죠. 대가도 있었습니다. 국민소득도 늘고 개인적으로도 성공한 사람들이 꽤 있었어요. 소 한 마리 끌고 서울 와서 대기업 회장 된 사람도 있죠. 저희 부모님만 해도 무일푼에서 시작해서 그저 열심히 일한 덕에 집 장만하고 자식들 교육시키고 했습니다. 저희 어머니가 1967년에 결혼하셨는데, 당시 아버지 월급이 딱 일주일 살림할 만큼이었대요. 그다음부터는 빚으로 사는 거예요. 동네 가게에서 외상으로 사 먹고 월급 타면 갚고 그러기를 계속한 거죠. 담배를 피우시는 아버지는 한 달분을 한꺼번에 사서 매일 몇 개비씩 나누어 피웁니다. 어머니는 단둘이 사는데도 김장을 100포기를 했대요. 1년 내내 김치찌개만 먹는 거예요. (웃음) 저희 집만 그런 게 아닙니다. 다들 그렇게 근검절약하면서 살았어요. 그래도 희망이 있었습니다. 열심히 아끼면서 살면 내 집 한 칸 장만할 수 있겠다고 생각했었지요.

그러다 1997년 IMF 사태가 터지고 2000년대 들어서면서 상황이 바뀝니다. 성공하려고 일하는 게 아니라 먹고살려고 일하는 시대가 돼요. 기업에서는 정리해고를 일상적으로 하고 적은 인원으로 최대한의 수익을 내기 위해 업무 강도를 늘렸습니다. 경쟁은 갈수록 치열해지고 그 결과 과로사하는 사람들이 늘기 시작했어요. 우리 사회가 신자유주의 체제로 바뀌면서 벌어진 일입니다.

여러분 신자유주의가 뭘까요? 쉽게 이야기하면 무한 경쟁과 극단의 효율성입니다. 이런 사회에서 살아남으려면 자기 상품성 즉 '스펙'을 쌓아야 해요. 아줌마들도 예외는 아닙니다. 여러분, 요즘 아침 교양 프로그램을 보면요, '슈퍼 아줌마'들이 등장해요. 돈도 안 쓰고 20대 몸매를 유지하는 50대 여성을 소개합니다. 천연 곡물을 이용해서 주름을 없애고 열심히 운동하면서 자기관리를 해요. 이뿐만이 아니라 세상에 온갖 슈퍼푸드를 섭렵해서 가족들의 건강을 지킵니다. 이런 프로그램을 보면서 사람들은 무슨 생각을 할까요? 이젠 예전처럼 조용히 남편 내조하고 아이들 뒷바라지하는 것만으로는 부족하고 자기관리까지 해야 한다고 생각합니다. 안 그러면 게으른 사람이 되는 거예요. 열심히 정보를 찾아다녀야 하죠. 최신 정보를 모르면 좋은 엄마가 될 수 없습니다. 세상은 살기 힘들어졌는데 아줌마들에게 원하는 역할은 더 많아졌어요. 최근에는 몸에 대한 관심이 높아져서 아줌마들에게도 처녀 못지않은 몸매를 원합니다.

몸매 버릴까 봐 아이 못 낳겠다는 여자들도 많죠. 아이 낳은 뒤에도 관리에 여념이 없습니다. 심지어 어린 나이에 무리한 다이어트로 무월경증을 앓는 아이들도 있다고 하죠. 여성의 몸에 대한 왜곡된 시선이 전 사회적으로 만연합니다.

요즘은 어린이집에서도 '섹시하다'는 말을 들어요. 알고 쓰는지 모르겠지만 하도 여러 매체에서 떠들어대다 보니 어린아이들도 입에 붙은 모양입니다. 물론 그 의미는 어른들이 상상하는 것과 다를 거예요. 초등학생이 선생님께 "섹시하다는 게 무슨 뜻이에요?" 하고 묻습니다. 선생님 얼굴이 빨개지지요. 왜 그랬을까요? 그 선생님 입장에서는 그게 대단히 성적인 표현으로 느껴졌던 거예요. 요즘은 어때요? 그냥 쓰죠. '예쁘다'와 동격입니다. 문제는 이 '섹시하다'는 표현이 주로 여자를 향한다는 거예요. 남자애들한테 섹시하다고 해요? 물론 그렇게 쓸 때도 있겠죠. 하지만 보통은 여자 외모를 평가할 때 씁니다.

한창 외모에 민감한 아이들이 어디 가서 그런 소리^{칭찬} 들으면 행복하잖아요. 그래서 여성의 몸에 대해 왜곡된 인식을 심어준다는 말을 하기가 참 어려워요. 아무리 설명을 해도, 예쁘면 좋은 거 아니에요? 이러거든요. 게다가 일종의 경쟁력이라고 생각해요. 남들보다 섹시한 게 무슨 문제냐 하는 식이죠. 자신의 몸까지 경쟁의 수단이 되는 상황에서 평등과 배려를 말하기란 참으로 힘들어요.

신자유주의 시대에는 성공이 그렇듯이 실패도 개인의 몫입니다. 경쟁에서 탈락했으니 남 탓할 것 없다는 거죠. 모든게 내 탓입니다. 이런 합리성으로 포장된 논리가 횡행해요. 그러다 보면 개인을 둘러싼 환경은 보이질 않아요. 열심히 하면 잘살 수 있어. 가난해? 가난한 사람한테 뭘 지원해? 게으른 사람에게 왜 우리 세금을 쓰지? 아줌마들도 노력하면 날씬해질 수 있어. 아이들이 공부를 못하는 건 엄마들 정보력 부족 때문 아니야? 이런 말들이 나오는 거죠.

하지만 정말 그럴까요? 열심히만 하면 성공하나요? 아니죠. 이는 소수가 부를 독점하고 있는 현실을 정당화하기 위한 논리에 불과합니다. 열심히 해도 가난한 사람들 많잖아요. 공정하다는 입시제도 하에서 돈 많은 사람들이 얼마나 유리한지 다들 잘 알고 있잖아요. 그럼에도 많은 사람들이 자신을 탓합니다. 내가 잘못해서 내가 게을러서 이렇게 되었다, 하고요.

중요한 건 시스템이에요. 신자유주의적 사고에 길들여진 사람들은 이런 부분이 취약해요. 내가 한 만큼 받는다는 생각은 역으로 내 일이 아니면 책임이 없다, 로 이어집니다. 직장 생활을 하면서도 딱 자기 역할만큼만 하죠. 그래서 상사가 부서 간 협조나 큰 틀에서의 사업 방향을 알려줘야 할 때가 많다고 해요. 자기 일이 아니라고 생각하니까요. 그렇다고 열심히 하지 않느냐, 그건 또 아니거든요. 굉장히 똑똑하고 정보에 밝아요. 요즘처럼 지식이 넘쳐나는 시대가 있을까요? 그만큼 배워야 할 것도 많죠. 하루가 다르게 바뀌고 있으니까요. 그래서 젊은 친구들은 누구보다도 열심히 지식을 쌓습니다. 그러다 보니까 기성세대와 소통이 어려울 때가 있어요.

제가 어젯밤에도 후배들과 이야기했는데요. 저보다 어린 친구들인데도 요즘 학생들과 소통이 어렵다면서 제게 책까지 추천하더군요. 그 순간 세대 차이 뭐 이런 것보다 진짜 공부 열심히 해야겠구나 하는 생각을 했어요. 요즘은 노인들도 계속 배워야 한다고 하잖아요. 예전에는 지혜와 통찰의 상징이었던 중장년이 이제는 평생 교육의 대상이에요. 어쩌면 '배움'의 뜻이 달라진지도 모릅니다. 저는 이것이 신자유주의 시대의 두 번째 특징이라고 생각해요. 첫 번째가 자유경쟁이었다면 두 번째는 끊임없는 지식 채우기입니다.

로리주희

한국 사회가 요구하는 엄마의 역할

요즘은 대학생도 학원에 다닙니다. 자격증도 따야 하고 각종 시험 준비도 해야 합니다. 학교 공부만으로 부족한 거죠. 직장인들도 외국어 학원에 다닙니다. 승진하려면 영어 시험 잘 봐야 하잖아요. 10년 전에는 나이 든 관리자들이 유머를 배우러 학원을 다녔습니다. 부하 직원들과 소통하려면 유머가 있어야 한다고 여겼으니까요. 어쨌든 지금도 많은 사람들이 지식을 구하러 다닙니다. 그게 자신의 경쟁력을 높인다고 생각해요. 안 그러면 도태될 수도 있다고 걱정합니다. 그러니까 이러한 지식 쌓기도 결국은 '살아남기' 내지는 '성공'과 이어지는 거예요.

여러분 '성공'이 뭔가요? 그전에는 저마다 다양한 해석이 가능했지만 IMF 이후로는 딱 하나 '돈'으로 굳어졌지요. 요즘은 '성공=돈'입니다. 개인의 가치는 '연봉'으로 환산돼요. 요즘 가장 훌륭한 부모의 직업이 뭐죠? 공무원이나 대기업 사원? 아니죠. 가끔 수금하러 다니는 건물주입니다. (웃음)

제가 교육을 하다가 한 어머니를 만나 상담을 했는데요, 남편이 대학병원 의사예요. 그래서 그분은 굉장히 자부심을 갖고 살고 있었는데, 어느 날 갑자기 아이가 "엄마 우리는 왜 이렇게 가난해?"라고 묻더래요. 당황한 어머니가 이유를 물었더니, 우리 아빠는 왜 매일 출근을 하느냐고 하더래요. (웃음) 아무리 돈을 많이 벌어도 월급쟁이인 거예요. 자, 그러다가 또 최근 들어서는 흐름이 바뀌죠? 성공 신화가 점점 어려워지면서 안정적인 삶에 대한 열망이 커집니다. 요즘 초등학생들 꿈이 뭐예요. 연예인 아니면 공무원이죠. 성공하고 싶은 마음과 안정되게 살고 싶은 마음이 동시에 있는 거예요. 인터넷, SNS가 발달하면서 주변 정보가 실시간으로 전달됩니다. 누가 어떻게 '갑질'을 당했는지, 부잣집 자식들이 어떻게 사는지 등을 보면서 상실감, 박탈감을 느껴요. 사람들이 점점 성공 가능성에 대해 회의하기 시작합니다.

아줌마들은 이런 상황을 어떻게 받아들일까요? 애들을 앞세워 성공하려 하기보다 차라리 돈을 아꼈다가 나중에 아이들 독립 자금으로 주는 게 좋겠다고 생각합니다. 제가 보기에도 그게 낫죠. 그런데 저는 여기서 한 걸음 더 나아갔으면 좋겠어요.

발상의 전환을 해보는 거예요. 우리 너무 피곤하게 사는 건 아닌가, 죽도록 노력해도, 없는 시간 쪼개 공부하고 지식을 쌓아도 행복하지 않은 이유가 뭘까?

우리 사회는 우울합니다. 사람들이 지쳤어요. 그걸 어떻게 알 수 있냐면요, 사람들이 일상에서 화를 많이 내요. 학생들 보세요. 욕을 입에 달고 삽니다.

제가 중학교 근처에서 버스를 타는데요, 학생들 이야기를 들으면 심란해요. 한 문장 끝나는데 욕을 대여섯 번 합니다. 대학교에서 강의할 때 이상형에 대해 얘기해보라 하니까 욕 안 하는 사람이에요. 자기들도 아는 거예요. 그게 좋아 보이지 않는다는 걸. 아이들도 스트레스가 심한 거예요. 딱히 욕을 하는 이유가 없어요. 무의식적으로 스트레스를 푸는 거죠.

이건 아이들만의 문제가 아닙니다. 제 또래 사람들을 만나도 마찬가지예요. 욕에는 긍정적인 측면도 있어요. 제가 줌마네를 처음 열었을 때 홈페이지에 '욕방'을 만들었습니다. 그렇게라도 해서 스트레스 풀라고요. 웃을 일이 아닙니다. 실제로 심리 치유 방식의 하나로 '욕 테라피'라는 게 있어요. 욕하면서 가슴에 쌓인 분노를 표출하는 거예요.

어쨌든 한 사회 구성원들이 욕을 많이 한다는 건 그만큼 사회적 스트레스 지수가 높다는 증거입니다. 화가 쌓이면 어떻게 될까요? 일단 건강에 안 좋습니다. 억누르면 우울해져요. 다른 대상에게 화풀이한다고 달라지지 않습니다. 그때뿐이에요. 근본적인 해결책은 우리 사회의 스트레스 지수를 낮추는 거예요. 어떻게요? 앞서 말씀드렸듯이 발상의 전환을 하는 거예요. 우리가 지금 사는 방식, 엄마로서 아줌마로서 사회적으로 부여받은 역할에 대해 생각해보는 것, 신자유주의 시대가 우리에게 강요하고 있는 가치들, 돈, 실력, 지식 이런 것에 대해 다시 생각해보는 겁니다.

한국 사회가 요구하는 엄마의 역할은 시대에 따라 변해왔습니다. 현모양처에서 슈퍼우먼까지 다양한 모습을 띠었지요. 양상은 다르지만 모두가 신화에 불과하다는 걸 말씀드리고 싶어요. 요즘 엄마들은 열심히 살고 애들을 잘 키우고 싶어 합니다. 그래서일까요. 아이들 일이 자기 뜻대로 안 되면 무력감을 느끼는 분도 많다고 하더군요. 주변의 기대와 자신의 욕구가 맞지 않아서 갈팡질팡하는 분도 있답니다. 어떤 지역 엄마들은 불안한 마음에 남들 하는 걸 다 하려고 한대요. 코딩이 유행이라고 하니 유치원 때부터 코딩 학원 보내고, 말 잘해야 한다고 스피치 학원을 보냅니다. 해외 '한 달 살이'도 하고 어떻게든 뒤떨어지지 않으려고 모든 자원을 쏟아부어요.

제가 모모프로젝트 할 때 만난 엄마가 한 분 계세요. 이분이 고민이 있었습니다. 다정하던 아이가 중학생이 되더니만 말을 잘 안 하고, 방문을 쾅 닫고 들어간답니다. 엄마로서 상처를 받은 거죠. 그러다 두 사람이 함께 모모프로젝트 활동을 하면서 둘의 관계가 달라졌어요. 엄마-딸 관계에서 협력자로 바뀝니다. 그러면서 좀 더 소통이 활발해져요. 이 엄마가 깨닫죠. 그동안 나는 내가 생각하는 엄마의 이미지에 갇혀 있었구나, 하고요. 항상 무언가를 제안하고 제시하는 역할만 했거든요. 물론 딸이 잘되길 바라는 마음에서였겠지만, 딸 입장에서는 늘 시키기만 하는 엄마였던 거예요. 그러다가 프로젝트를 같이 하면서 딸의 말을 듣는 입장이 됩니다. 아이와의 능동적인 참여가 일방적인 관계를 바꾼 거예요. 그러면서 서로를 좀 더 잘 이해하게 됩니다.

아이 키우는 엄마들 걱정이 뭐예요? 남들처럼 못 해줄까 두렵고 아이들 보기에 부끄러울까봐 불안해합니다. 세상이 엄마들을 불안하게 하잖아요.

엄마들은 걱정이 쌓입니다. 어느 정도 해야 제 역할을 하는 건가 늘 의심스러워요. 그래서 다들 과도하게 아이에게 집중하는 경향이 있습니다. 그러면서 한편으로 계속 미안해

해요. 더 할 수 있는데 그러지 못한다고 생각하니까요.

이런 마음이 언제 아이에 대한 분노로 폭발하느냐, 바로 내가 기획한 대로 의도한 대로 아이가 행동하지 않을 때입니다. 나는 이렇게 열심히 희생하면서 너를 기르는데 너는 왜 네 멋대로 혹은 내 기대에 어긋나게 행동하느냐, 하는 심리가 깔린 거죠. 아이들도 부담이죠. 부모가 어떤 기대를 하고 있는지, 거기에 미치지 못하면 얼마나 실망할지 잘 알고 있어요. 그러니 문을 쾅 닫고 들어갈 수밖에요.

우리는 우리 자신이 되어야 한다

요즘은 아빠들도 육아에 적극적입니다. 학부모 총회 하면 직장 휴가 내고 와요. 부부 동반도 많습니다. 다 좋은데 문제는 이분들도 똑같은 욕망을 갖고 있다는 거예요. 아이들의 진로를 계획하는 게 자신들의 역할이라고 생각합니다. 아이들 입장에서는 부담이 두 배죠.

제가 아는 대학교수 이야기를 들려드릴게요. 어느 날 이분이 한 학생의 아버지로부터 전화를 받았습니다. 도서관을 왜

12시에 닫습니까? 물었대요. 참고로 열람실은 24시간 개방입니다. 책이 있는 곳만 닫아요. 이 아버지 말씀이 밤새워 공부하다 보면 책을 참고할 수도 있는데 그렇게 문을 닫으면 어쩌느냐는 거예요. 실제로 그 학생은 새벽에 '인증샷'까지 찍어서 보냈나 봐요. 자기 여기서 공부한다고.

요즘 대학 분위기가 이렇습니다. 대학교 휴게실에 침대 놓아달라는 요구도 들어와요. 잠깐 쉬려는 게 아니라 학교에서 잠을 자가면서 공부하라는 뜻이에요. 학원도 아니고 대학인데, 그런 요구를 부모님들이 합니다. 학생들이 정말 필요할 수도 있어요. 하지만 제가 말씀드리고자 하는 건, 대학을 보내서도 여전히 아이들을 통제하고 있다는 사실이에요. 요즘 부모님들은 고학력이 많습니다. 안정적인 직업을 갖고 계신 분들도 많아요. 그런 분들일수록 간섭이 심합니다.

이거 아이들에게 도움 될까요? 이렇게 자란 아이들이 리더 역할을 할 수 있을까요? 하나부터 열까지 부모의 통제를 받는 아이들이 성숙한 개인으로 자랄 수 있을까요?

직장 상사도 부모님 전화를 받습니다. 우리 아이가 아파서 오늘 못 간다고. 심지어 지난번 인사고과는 왜 그렇게 나왔냐고 따지는 분도 있대요. 왜 이런 일이 벌어질까요?

이면에는 부모 역할에 대한 불안이 있습니다. 엄마든 아빠든 내가 이렇게 해야 아이가 편안하게 잘살 수 있을 거라고 생각해요. 한편으로는 자신의 영향력을 포기하고 싶지 않은 마음도 있겠지요. 아이에게 여전히 중요한 사람으로 남고 싶어 합니다. 이런 욕망은 아이의 성장을 가로막습니다. 이렇게 자란 아이들은 성인이 되어서도 부모에게 의지해요.

이제 결론을 말씀드리지요. 우리는 우리 자신이 되어야 합니다. 그래야 아이들도 건강하게 잘 커요. 엄마는 이래야 한다, 또 엄마라면 당연히 이렇게 해야 한다. 이런 말에 동조할 필요가 없습니다. 자신의 정체성을 다른 사람이 규정하게 두어서는 안 돼요. 대신 자신의 내면에서 들리는 목소리에 귀 기울이세요. 그것이 우리가 여성으로서 당당한 아줌마로서 살아가는 길이라고 생각해요. 오늘 강의는 이것으로 마치겠습니다.

젠더 감수성을 기르자

청중: 교내 성폭력에 대해 여쭤봅니다. 학생들 사이에 이런 문제가 생기면 학부모도 그렇고 난감할 때가 많아요. 사실 관계를 확인해야 하고 책임 소재를 가려야 하는데, 이 과정이 결코 쉽지가 않습니다. 더 큰 문제는 폭력을 징계나 처벌로 해결하려는 경향이 강하다는 거예요. 학교 입장도 이해가 안 가는 건 아닙니다만, 근본적인 해결책은 아니라고 보거든요. 부모로서 이 문제에 어떻게 접근해야 할지 궁금합니다.

로리주희: 젠더 감수성을 길러야 합니다. 처벌이 능사는 아니에요. 요즘은 어린이집이나 유치원에서도 그런 사건들이 많아요. 저희한테도 요청이 들어와요. 학부모나 교사를 대상으로 교육하죠. 문제가 생겼을 때 어떻게 대처해야 할지, 의사소통 방식은 어떠해야하는지 이야기합니다. 문제는 말씀하신 대로 처벌 위주로 갈 때입니다. 학교는 처벌하는 곳이 아니잖아요. 가르치는 곳이죠. 예방하고더 나은 해결책을 찾는 공간인데 현실은 그렇지가 못해요.

저도 주변에 그런 경험이 있습니다. 제 친구 아들 이야기예요. 중학교 1학년 때 학교에서 호출이 왔어요. 단체 대화방에서 한 여학생을 비난하고 폄하하고 그랬나 봐요. 자기가 직접 그런 건 아닌데 어쨌든 동조한 모양이에요. 제 친구는 아들이 어렸을 때부터 계속 이야기를 했어요. 남자와 여자의 몸은 다르다, 서로 존중해야 한다…. 그런데 어느 날 애가 하는 말이, 자기는 억울하데요. 여자아이들이 힘도 더 세고 덩치도 큰데 자기들이 맞으면 가만히 있고 꼭 자기들이 때릴 때만 혼난다는 거예요. 이런저런 얘기를 하다가 끝에는 꼭 군대 얘기가 나옵니다. 학교는 군대도 안 가는 여자들 편만 든다고 합니다. 그만큼 어렵다는 말씀을 드리고 싶어요.

무엇보다도 말로만 교육해서는 아이들에게 다가갈 수 없습니다. 어른들의 모범이 필요해요. 평소 집에서 아버지가 어머니를 존중하는 모습을 보고 자란 아이들은 쉽게 여성 혐오에 빠지지 않습니다. 젠더 감수성을 기르려면 그런 말과 행동을 듣고 보면서 자라야 해요.

호주에 가정폭력 예방 동영상이 있어요. 예전에 MBC에서도 소개를 했는데요, 영상은 가든파티로 시작해요. 이웃끼리 모여 고기를 굽죠. 아이들은 아이들대로 놉니다. 그러다 가벼운 사고가 나죠. 남자애가 튀어나오는 바람에 덧문이 닫히면서 뒤따라오던 여자애가 부딪혀요. 남자애가 깜짝 놀라서 뒤를 돌아보는데 엄마가 달려와서 여자애를 위로합니다. "괜찮아, 괜찮아. 쟤가 너 좋아하잖아." 아이가 그런 엄마를 보더니 탈탈 털고 일어나요. 이 장면을 본 남자애는 별일 아니다 싶었는지 씩 웃고 가던 길을 갑니다.

이 아이의 아비지는 파라솔 아래에 앉아 맥주를 마시면서 아이들 공놀이를 구경합니다. 그러다가 "사내자식이 계집애처럼 그게 뭐야!" 합니다. 장면이 바뀌죠. 아까 그 남자애와 여자애가 부부가 돼요. 차를 타고 가는데 남편이 계속 화를 내요. 여자는 남자가 소리칠 때마다 소스라칩니다. 마침내 남자가 차 문을 쾅 닫고 가버립니다. 차 안에서 바들바들 떨면서 그녀가 혼잣말을 해요. "괜찮아. 괜찮아. 그는 너를 사랑하니까. 괜찮아."

이번에는 2015년에 미국 오하이오 주에서 실제 있었던 일입니다. 어린이집에서 아이가 놀다가 다쳐요. 병원에 갔는데 의사가 물어요. "어쩌다 그랬니?" 아이가 대답하죠. "존이 나를 때렸어요." 의사가 빙긋이 웃으면서 말합니다. "존이 너를 좋아하는 모양이구나."

어디선가 많이 들어본 이야기죠? 저희 어렸을 때 남자아이들이 고무줄 확 끊고 지나가잖아요. 선생님한테 가서 이르면 뭐라고 해요. "괜찮아. 관심 끌려고 그러는 거야. 너 좋아하나 보다."

그날 저녁 아이 엄마가 페이스북에 장문의 글을 썼습니다. 병원 게시판에도 그대로 옮기죠. 이런 내용이에요. 당신이 오늘 낮에 한 말은 우리 모녀를 달래기 위해서였지만 나는 동의할 수 없습니다.

왜냐하면 당신의 말은 내 아이가 이다음에 커서 사랑하는 사람이 나를 아프게 할 수도 있다는 생각을 내면화할 수 있기 때문입니다.

어른들의 말과 행동이 아이의 인생에 큰 영향을 끼칠 수 있다는 거예요. 지금 아이들이 사는 세상은 우리가 살았던 시대와 다릅니다. 저희 때만 해도 열심히 일하면 웬만큼 먹고살 수 있다는 희망이 있었어요. 지금은 안정적인 직업을 구하기가 하늘의 별 따기처럼 어려워졌습니다. 내가 아무리 열심히 해도 보장받을 수 있는 게 없어요.

앞으로 세상이 어떻게 변할지 예측할 수도 없습니다. 4차 산업 혁명이 올 거라고 미래에는 인공지능이 인간을 대체할 거라고들 하는데, 그때가 되면 지금의 지식은 쓸모없어질지도 모르고요. 그렇다면 우리는 아이들에게 무엇을 가르쳐줄 수 있을까요? 저는 지식보다 지혜를 성공보다 성장에 초점을 두어야 한다고 생각합니다. 그러려면 우리 자신부터 돌아보는 지혜가 필요할 것 같아요.

청중: 엄마의 말이 안 통할 때가 있잖아요. 권위가 없으니 아이가 무시합니다. 이때 부모들은 학교에 부탁을 합니다. 우리 아이 화장 좀 못 하게 해달라, 복장 관리 좀 해달라, 예의범절 좀 가르쳐달라, 이렇게요. 부모로서 어떻게 중심을 잘 잡고 아이를 가르칠 수 있을까요.

로리주희: 우선, 엄마가 행복해야 합니다. 엄마가 힘들고 우울하면 에너지가 없어요. 그런 상태에서 어떻게 아이들을 가르치겠어요. 기운이 있이야 야단도 치죠. (웃음)

경험상 행복하지 않은 엄마들은 아이들에 대한 기대치가 없거나 너무 높아요. 앞의 경우는 될 대로 되라 하는 상태고 뒤엣것은 자신이 못했기 때문에 아이에게 매달리는 경우입니다. 둘 다 바람직하지는 않죠. 내가 중심을 잡으려면 내가 아이를 어떻게 생각하는지 부모로서의 역할에 대해 어떤 생각을 하고 있는지 잘 살펴보아야 합니다. 부모로서 내가 할 수 있는 일을 하고, 아이가 감당할 수 있을 만한 기대를 갖는 것이 중요해요.

지금, 여기의 여성운동

 건국대 몸문화연구소 교수

프랑스 파리4대학교에서 철학 학사와 석사 학위를, 파리1대학교에서 철학 박사 학위를 받았다. 페미니스트 철학자로 연구와 집필 활동을 하며 국제 전문 학술지와 국내 전문 학술지에 38편의 논문을 게재했다. 프랑스에서 발간한『남근이성중심주의의 해체』와『지워지지 않는 페미니즘』등의 책을 썼으며 함께 쓴 책으로『탈코르셋 선언』,『감정 있습니까?』등이 있다. 옮긴 책으로는『자신을 방어하기』가 있다.

안녕하세요, 저는 페미니스트 철학자 윤김지영입니다. 만나 뵙게 돼서 반갑습니다. 오늘 함께 이야기 나눌 주제는 '지금, 여기의 여성 운동'입니다. 2010년대부터 전 세계적으로 새로운 페미니즘이 등장했는데요, 저희는 이를 '페미니즘 네 번째 물결'에 해당한다고 보고 있습니다. 우리나라에서는 2015년 온라인 운동을 기점으로 시작되었다고 볼 수 있지요. 오늘 강의에서는 이 네 번째 물결을 중심으로 이야기를 나누고자 합니다.

나는 페미니스트입니다

여러분, '페미니즘'이 무엇일까요? 간략히 정의 내리자면, 페미니즘은 여성과 남성 간의 성 불평등 구조를 깨뜨리기 위한 여성해방 운동 혹은 여성 인권 운동입니다. 오늘 제가 사용하는 페미니즘이라는 용어도 그런 의미로 생각하시면 됩니다.

우리나라에서 2015년을 기점으로 온라인 페미니즘 운동이 활발히 벌어져 트위터에서는 '나는 페미니스트입니다'라는 해시태그 운동이 일어납니다. 이때부터 메갈리아 논쟁, 강남역 여성 살해 사건, 낙태죄 폐지 운동 등 오늘날까지 5년 동안 페미니즘 운동이 폭발적으로 전개되어 나가고 있습니다. 저는 이러한 물결 안에서 여성들이 페미니즘을 어떻게 받아들이고 있는지 궁금해졌습니다.

영화 <아가씨>2016년 보신 분 계신가요? 거기에 인상적인 장면이 나옵니다. 주인공이 하녀에게 이렇게 말합니다. "내 인생을 망치러 온 나의 구원자" 굉장히 역설적인 문장이죠. 영화의 주제를 함축하고 있는 이 문장은 페미니즘에도 적용됩니다.

페미니즘의 관점으로 일상을 해부하면 모든 것이 낯설어질 뿐 아니라, 자신의 안온한 보루를 철저히 깨뜨리지 않고서는 새로운 변화가 시작될 수 없기 때문이지요. 그러하기에 고통스럽기도 합니다. 그러나 깨달음의 순간이 지나면 페미니즘을 모르던 그 이전의 삶으로는 결코 돌아갈 수 없지요.

명절날 가족끼리 모여 오순도순 음식을 장만하는 장면, 얼마나 아름답습니까. 그러나 페미니즘의 눈으로 보면 다릅니다. '가족의 화목과 평화'를 유지하기 위해 희생되는 여성들의 삶이 보이기 시작하기 때문이죠. 명절을 위한 노동착취와 강요된 침묵을 직시하게 하는 게 바로 페미니즘입니다.

그래서 처음 페미니즘을 접하면 통쾌한 기분이 들기도 합니다. 여태껏 설명하지 못했던 현상들, 나만 이상하게 생각하나? 모든 사람들은 그냥 넘어가는데 나만 예민하게 구는 건가? 그래서 속으로 꾹꾹 눌러 삼켜야만 했던 의문점들이 하나, 하나 설명되기 시작합니다.

하지만 앞서 말씀드린 영화 대사처럼 페미니즘은 나를 구원해줄 뿐만 아니라 내가 발 디디고 있던 지반까지 뒤집어 엎기도 합니다. 페미니즘은 외부의 구조를 깨는 망치일 뿐만 아니라, 나 자신 안에, 이미 내 존재의 일부로 들어와 버린,

즉 내 살과 내 뼈와 내 무의식 안에 엉겨 붙어버린 남성 중심적인 질서를 낱낱이 파헤치는 길이기 때문입니다.

여러분, 가부장제의 역사는 수천 년에 이릅니다. 정치와 경제 체제는 변해도 가부장제는 몸을 바꾸면서 계속해서 살아남았습니다. 어떻게 이런 일이 가능할까요? 가부장제는 남성들만으로 유지되는 게 아니라, 여성들을 끊임없이 이 틀 안에 가두어야만 존속될 수 있습니다. 그러나 채찍질만으로는 불가능하지요. 그래서 가부장제는 여성에게 가부장제로 편입한 대가, 즉 당근을 제시하지요. 여성들에게 일말의 안전과 쾌락을 제공함으로써, 가부장제라는 체제에 순응하도록 만듭니다.

마치 학교에서 학생들을 통제할 때 쓰는 전략인 상벌제도와 매우 비슷합니다. 문제를 일으키는 학생에게 벌을 주어 다른 학생들에게 경고와 공포 효과를 발휘합니다. 이뿐만 아니라, 표본이 될 만한 학생들은 모범생으로 칭송하면서, 다른 학생들이 이들을 따라 하게끔 유도합니다. 가부장제 역시 남성 중심 체제에 잘 적응하고 순응하는 여성들에게 보상을 제공하지요. 위대한 모성이라고 칭송하거나, '개념녀', 성녀, 미녀 등의 이름으로 부르지요.

페미니즘을 안다는 것은 이런 당근을 포기하는 것입니다. 나를 고통스럽게 만드는 타자들과 외부 세계를 향한 망치질에서 그치지 않고 나 자신의 기호와 취향, 쾌락이라는 이름으로 스스로를 기만해온 자기만족적인 부분까지 낱낱이 깨부수는 작업이 바로 페미니즘입니다. 때로는 포기하는 사람들도 나옵니다. 페미니즘이 이렇게 힘든 건지 몰랐다며 '탈페미'를 선언하기도 하지요.

내가 도무지 버리고 싶지 않은 부분까지 비판적 관점을 가지고서 이를 해체해나가야 하는 여정이 페미니즘입니다. 나의 존재 기반 자체가 가부장제라는 걸 깨달았을 때, 나는 나 자신과 대립할 수밖에 없습니다. 매 순간 나 자신을 파고들어야 하는 일이죠. 내 안에 자리한 욕망, 내가 바라는 여성상, 좋은 딸, 좋은 아내, 좋은 며느리가 되어 인정받고자 하는 마음들과 맞서야 하지요. 참 어렵고도 힘겨운 여정입니다.

그러나 정해진 답은 없습니다. 페미니즘은 미완의 길이며, 이 길을 지속하려면 질문의 힘과 배움의 역량을 갱신해나가는 용기와 결단이 필요하지요.

페미니즘은 그동안 당연하게 생각했던 것들, 가족 안에서 내게 요구된 역할, 즉 엄마로서, 딸로서, 아내로서 요구받아온 덕목을 의심하지 않고 살아왔던 그 평온한 가족 서사에 질문을 던집니다. 역할에 만족하고 그 안에서 가치를 찾았던 사람이라면 그 순간 존재 기반이 무너지는 공포를 느낄 수밖에 없지요. 페미니즘은 나를 통쾌하게 하고 안온하게 위로해 주는 '힐링' 담론이 아닙니다. 타성에 젖은 나를 발견하고 이를 파헤치는 작업이지요. 즉 페미니즘은 존재론적인 실천의 문제인 겁니다.

그럼 오늘날의 여성 운동, 특히 2015년 이후 부상한 새로운 페미니즘에 대해 더 깊이 살펴보도록 하겠습니다.

2015년 이후 도래한 한국 페미니즘의 첫 번째 특징은 '헬페미니스트'들의 탄생에 있습니다. 10~30대 여성들이 중심이 되고 있죠. 이들은 주로 온라인 공간에서 여성 혐오에 맞서 싸우는 활동을 전개해 나갑니다. 이들의 언어는 때로는 과격하고 급진적입니다. 왜냐하면 이들은 이 사회에서 아직 축적한 것이 별로 없는 맨손의 존재들이기 때문입니다.

저를 비롯한 기성세대는 가부장제가 잘못되어 있다는 걸 알아도 완전히 부정하기 어렵습니다. 왜냐하면 존재의 일부가 가부장제의 토대 안에 세워져 있기 때문입니다. 가족 안에서의 관계라든가 역할, 직업, 경제적 활동 측면에서 가부장제의 영향력에서 온전히 벗어나 있지 못합니다. 그랬을 때 가부장제를 부순다는 건 내 존재의 기반을 깬다는 얘기이기도 하지요. 그러기에 많은 사람들이 망설일 수밖에 없는 겁니다. 지난 수십 년간 일군 것들을 모두 잃을 수도 있는 상황이니까요.

하지만 '헬페미'들은 그야말로 빈손입니다. 가부장제와 얽혀서 누리는 혜택의 크기가 많지 않기에, 그들은 가부장제 전체에 맞설 용기를 낼 수 있는 겁니다. 이들에게 페미니즘은 초와 분 단위로 확대 재생산되는 여성 혐오 사회로부터 살아남기 위한 저항 기술이자 생존 기술입니다.

2015년 이후 도래한 페미니스트를 부르는 이름은 다양하지요. 뉴페미다, 영영페미다, 아니다 예전 영페미는 올드페미고 이 사람들이야말로 진짜 영페미다 등 의견이 분분했습니다. 하지만 저는 이런 식의 세대론적 명칭을 쓰지 않습니다. 과연 누구의 관점에서 더 젊고 더 새로운 것인가?, 라는 문제를 짚어봐야 하기 때문이지요. 이러한 관점 자체가 기성세대의 것입니다.

'헬페미니스트'라는 호칭은 2015년 이후 그들이 스스로 만든 말입니다. "우리는 지옥에서 온 페미니스트다. 한국의 가부장적 세계를 뒤집겠다. 이걸 부수지 않으면 새로운 세계는 결코 오지 않는다" 이들은 이렇게 외치고 있습니다. 저는 이들에 대한 호명법이 다른 이들에 의해 규정되는 것보다 이렇게 스스로가 선언한 호칭이어야 하며, 이를 존중해줄 필요가 있다고 생각합니다.

헬페미들은 비혼, 비출산, 비연애, 비섹스의 '4B 운동'을 전개해나갑니다. 여성의 삶을 전통적으로 규정해왔었던 네 가지 생활양식을 거부함으로써 가부장제의 작동을 멈추게 하기 위해서입니다. 당연히 강한 반발을 불러오죠. 남성들은 그렇다 치고 여성들은 어땠을까요? 기성세대 여성들도 왠지 모를 불편함을 느낍니다. 결혼과 출산, 연애와 섹스가 가부장제의 산물이라면 그동안 그렇게 살아온 나는 대체 뭔가? 하는 생각이 들게 만들기 때문입니다. 가부장제라는 거대한 체제를 온몸으로 들이받아 버리는 헬페미들의 혁명성 앞에서, 자신의 존재가 부정당하는 기분이 들기도 합니다. 그리하여 결혼제도와 부계혈통 중심적 체제에 대한 비판을 개인적 공격으로 받아들이거나 4B 운동이 갖는 급진성에 거부감을 느낄 때도 있습니다.

일상의 폭력을 포착하다

여러분 '라떼 세대'라는 말 아시죠? 젊은 세대를 향해 "나 때는 말이야." 하며 훈계하는 기성세대를 풍자하는 표현인데요. 자신의 과거를 판단 기준으로 삼는 데에는 변화에 대한 두려움, 과거의 문법대로 남은 삶을 편안히 살고 싶어 하는 기성세대의 욕망이 고스란히 담겨 있습니다. 이런 사람들이 회사에만 있는 게 아니라, 페미니스트들 사이에도 존재합니다.

이들의 눈에 4B 운동이나 '탈코르셋 운동' 등은 과격하기 이를 데 없으며 매우 위협적으로 비칩니다. 그들이 왜 그런 이슈를 들고 나왔는지, 10~20대 젊은 여성들의 현재 상황이 어떤지, 사회문화적 맥락과 시대적 변화들을 파악하고 이해하기보다는 이를 외면함으로써 기존의 자신의 틀을 지키고자 합니다. 그리하여 몰이해의 골은 더욱더 깊어져 갑니다.

그러나 페미니즘은 섣부른 통합과 화해, 평화의 수사학이 아닙니다. 페미니즘은 너무도 고통스러워 들춰내고 싶지 않았던 첨예하고도 어려운 문제들을 끄집어내는 용기입니다. 이를 공론장에 다시 올려 토론하고 각축을 벌이기를 멈추지 않는 에너지입니다.

"좋은 게 좋다"라는 논리는 더 이상 통하지 않지요. 페미니즘은 누구의 관점에서 정의된 '좋음'인지를 되묻는 행위입니다. 하지만 이런 질문은 여러 사람을 불편하게 합니다. 그리하여 사회 부적응자로 낙인찍히고 공동체에서 따돌림을 당하기도 하지요. 너만 조용히 하면 끝날 일인데 왜 자꾸 문제를 일으키느냐는 지적을 받습니다. 그러하기에 차라리 입 다무는 편을 택하라는 종용이 이어집니다. 불편해도 수긍하는 쪽을 택하라는 겁니다. 정치, 사회, 경제, 문화, 교육 등 우리 사회 대부분의 영역이 그렇습니다. "좋은 게 좋다"라는 논리는 상위 계급을 차지한 엘리트 남성들의 '좋음'이 우리 모두에게도 좋다는 식의 논리 비약을 강요하지요.

그러나 현실은 관점에 따라 달라집니다. 예를 들어 폭군 아버지가 있는 가정에서는 단 한 사람의 목소리만 울려 퍼집니다. 그 아버지는 바깥에 나가 자랑하지요. "우리 가족은 싸울 일이 없다. 텔레비전을 보든 여행을 가든 내가 하자는 대로 다 한다. 얼마나 의견 합치가 잘 되는지 모른다."라고 말하지요.

하지만 자식이나 아내의 말도 들어봐야죠. 그러면 전혀 다른 사실들을 알게 됩니다. 여러 목소리를 들어봐야 정말 그 집의 상황을 알 수 있지요. 그리하여 폭군 아버지가 말하는 조화와 의견합치는 권위주의적 위계질서의 단면에 불과함이 드러나고 맙니다.

페미니스트들은 다양한 관점에서 사회구조를 바라봄으로써 간과되거나 보이지 않는 폭력의 양태들을 찾아냅니다. 우리는 보통 폭력을 나쁜 것, 피해야 할 일로 이해하지요. 그러나 철학적으로 '폭력'은 다른 개념입니다. 훨씬 더 복잡하지요. 예를 들어 한 사회의 기득권자들이 행하는 폭력은 일반적인 폭력과 다소 다릅니다. 물리적 폭력을 수반하기도 하지만 상징과 제도와 같이 세련된 방식으로 일상에서 행사되어 우리의 몸과 의식에 침투해 버리는 것이기도 합니다.

여러분, 콜럼버스 아시죠? 여러분은 그를 어떤 인물로 알고 계신가요? 저는 신대륙을 발견한 위대한 개척자, 모험가로 배웠습니다. 그런데 이는 전형적인 유럽 중심의 사고이지요. 콜럼버스가 도착하기 이전에 이미 그곳에 사람이 살고 있었죠. 그들의 입장에서 보면 콜럼버스는 약탈자입니다. 하나의 사실을 두고 이렇게 상반된 평가가 가능한 이유는 바로 '관점'의 차이 때문입니다.

'구대륙'의 유럽인들이 보기에 그는 당연히 위대한 개척자입니다. 그들에게는 그럴 수 있겠죠. 그런데 우리에게는요? 우리는 왜 아시아에 살면서 그들의 관점으로 쓰인 역사를 배웠을까요? 한국은 식민지를 개척한 역사가 없습니다. 백인들과 동일시할 이유가 없지요. 그럼에도 많은 사람들이 그렇게 배워왔습니다. 당연히 그것이 진실이라고 생각합니다.

콜럼버스는 아메리카 선주민을 '인디언'이라고 불렀습니다. 그가 개척하고자 떠난 곳이 인도였기 때문에, 아메리카 대륙에 사는 이들을 자기 방식대로 인디언이라고 명명해버린 겁니다. 그런데도 지금껏 우리는 아메리카 선주민을 인디언으로 부릅니다. 사실이 아닌 것이 사실이 되어버렸지요. 그들의 관점이 이 세계를 지배하고 있기 때문입니다.

'인디언' 입장에서 볼까요? 그들은 자신의 정체성을 백인들에 의해 규정당합니다. 백인들이 역사의 주인공이자 위대한 개척자가 되면서 이들의 삶은 주변부로 밀려나 버렸지요. 백인들의 식민지 '개척' 이후에 그들의 삶이 어떻게 변했는지는 아마도 잘 아시리라 생각됩니다. 삶의 터전을 빼앗기고 제한된 거주지에서 제대로 된 직업도 갖지 못한 채 살아야 했습니다.

이처럼 보이지 않는 폭력이 물리적 폭력보다 강합니다. 우리가 인식하지 못하는 사이에 타자의 관점에 지배당해 살고 있기 때문이지요. 오늘날 폭력은 철학이나 사상, 혹은 종교의 이름으로 행해집니다. 학교에서 교육의 이름으로 정당화됩니다. 텔레비전 방송, 인터넷, 라디오 등 각종 매체를 통해 전파되지요. 그럼에도 아무도 폭력에 노출되어 있다고 생각하지 않습니다. 심지어 피해자들도 자신이 어떤 피해를 받고 있는지 알지 못하는 경우도 있습니다.

페미니즘은 이렇게 우리 일상을 파고드는 폭력을 포착하고 이를 만천하에 드러내는 일입니다.

혐오에 대항하는 존재론적 폭력

요즘 각종 미디어에 '혐오'라는 표현이 자주 등장하지요. 여성 혐오는 물론 소수자 혐오, 이주자 혐오, 심지어 남성 혐오라는 말도 보입니다. 그런데 이 '혐오'라는 표현이 처음에는 상당한 논란을 낳았습니다.

2016년 강남역 근처에서 여성이 살해당한 사건이 일어났을 무렵이었습니다. 그때 페미니스트들은 이 사건의 본질을 '미소지니'misogyny라는 개념으로 파악했습니다. 10~30대의 젊은 여성 페미니스트 다중이 이 용어를 대중화시켰지요. 그런데 페미니스트들이 '미소지니'를 '여성 혐오'로 번역하자 엄청난 공격을 받습니다. 언론사는 물론 학계에서도 심각한 오역이라며 반발했습니다. 미소지니는 여성 비하 정도의 가벼운 의미이지, 여성을 혐오하고 미워하는 것으로 곡해해서는 안 된다고 말하며 반격을 가했지요. 현실에서는 여성들이 여성이라는 이유로 살해당했지만 뉴스나 법률체계 속에서는 여전히 이를 여성 혐오범죄라고 부르지 않습니다. 그러나 페미니스트 다중들이 온라인을 중심으로 이 개념을 전파하였고, 강남역 여성 혐오 살해 사건이 있은 후 '여성 혐오'라는 말은 대중적으로 정착되었습니다.

그토록 저항이 심했던 이유는 무엇일까요? 이 사회의 주류인 남성들은 자신들이 가진 가해자성을 인정하는 것을 용납하지 않기 때문입니다. '여성 혐오'라는 말은 남성 특권 구조의 폐부를 적확히 드러내고 말지요. 그동안 성폭력 등 여성 대상 범죄를 보는 시선은 딱 하나였습니다. 희생자인 여성을 선정적으로 부각시키기였습니다. 그러다 이 용어를 통해 부각되어야 할 대상이 바뀐 거예요. 그런데 흥미롭게도 '남성 혐오'라는 표현은 어떠한 저항도 없이 등장해서 빈번히 쓰이고 있습니다. 그 누구도 제대로 검증하려고 하지 않지요. 여성 혐오가 오역이라며 난리 치던 사람들이 남성 혐오 개념 앞에서는 참으로 조용합니다. 마치 남성 혐오는 너무나 확증적이어서 따로 의심할 필요가 없다고 생각하는 듯 말이죠.

여성 혐오 개념에 동의하지 않는 사람들은, 있지도 않은 여성 혐오를 남성 혐오주의자들이 퍼뜨렸다고 말합니다. 여자들이 먼저 싸움을 걸었다는 거죠. 그렇게 원인과 결과를 전도시켜버립니다.

남성들은 여성의 목소리를 '폭력'으로 인식합니다. 자신들의 관점을 감히 받아들이지 않는 여성들은 통제하기 어렵기 때문입니다. 그리하여 '메갈리아'나 '헬페미'에 폭력적인 이미지를 덧씌우기 위해 여러 수사들을 동원합니다. 왜 조용하고 평화롭게 사는 우리를 건드리느냐, '꼴페미들' 때문에 남녀 대립 구도가 만들어졌다. 젠더 갈등의 원인은 과격한 페미니스트들 때문이다. 그들이 사회적인 분란을 만들어낸다. 이런 논리들은 항상 폭력의 원인을 사회적 소수자에게서 찾습니다.

헬페미들은 지금껏 제대로 말해지지도 생각되지도 들어본 적도 없는 것들을 다시 드러내는 '존재론적 폭력'을 구사하는 이들입니다. 즉 페미니즘은 존재론적인 폭력을 통해 일상의 세계를 뒤흔듭니다. 그럼으로써 우리가 보지 못했던 새로운 현실의 지평을 열지요. 사랑하는 사람을 만나서 연애하고 결혼해서 아이 낳고 사는 것이 여자의 행복이다. 아이들을 이 나라의 산업 역군으로 길러내서 애국자가 되자. 이런 생각에 브레이크를 거는 이들이 바로 페미니스트들이지요. 당연하다고 여겨왔던 것, 의심의 대상이 될 필요도 없고 생각할 필요도 없이 사회적인 순리이자 천륜으로 받아들여졌던 것에 대해 의문을 제기하는 사람들이죠. 그것이 누구의 관점에서 정의된 생애 주기인지, 누구 관점에서 정의된 행복인지를 묻습니다. '존재론적인 폭력'이란 기득권자들이 행사하는 제도적 폭력에 맞서는 것이자, 세상을 바꾸는 좋은 발본적 에너지이기 때문입니다.

페미니스트들은 남성 중심적인 사회를 흔들어, 그 안에서 통용되던 관습과 상식의 관점을 뒤집어엎지요. 그리하여 당연시해온 현실의 문법들을 뒤엉키게 만듭니다. 그래서 페미니스트들을 '프로 불편러'라고들 하지요. 별것 아닌데 괜히 문제 제기하고 분란 일으키느냐, 다른 사람들은 아무런 문제가 없는데 너만 왜 그렇게 문제라고 여기느냐는 말을 참 많이 듣지요.

그런 의미에서 페미니스트들은 정치적입니다. 지금까지 정치는 공적인 영역이고 늘 사적인 영역과 구분되었지요. 합법적인 영역과 불법적인 영역도 나뉘어졌었고 기득권 세력은 늘 자신들에 대한 도전을 불법으로 낙인찍었죠. 페미니스트는 이 구분법을 넘어서서 정치적인 것을 새롭게 정의 내림과 동시에, 정치적인 것을 도래시키는 이들입니다.

페미니스트 다중들은 예전에는 정치적이라고 생각하지 않았던, 사적이라고 생각했던, 소위 '화장실 에티켓' 정도라고 생각했던 '생리'의 문제를 다시 제기합니다. 용어부터 생리가 아니라 '정혈'精血이라고 이야기합니다. 맑을 정에 피 혈을 써서 정혈이란 용어를 제안하는 겁니다. 혹시 들어보셨나요?

왜냐하면 '생리'生理는 상당히 포괄적인 개념이기 때문이지요. 여성이 한 달마다 피를 흘리는 행위뿐만 아니라 하품과 재채기 등을 모두 '생리적인 현상'이라고 말합니다. 인간의 몸에서 일어나는 일을 지칭하는 말로 뭉뚱그려져 있습니다. 그랬을 때 왜 우리는 한 달에 한 번씩 피를 흘리는 것을 '피를 흘린다'라고 명시적으로 말하지 못할까?, 라는 의문이 생기죠. 또 다른 표현인 '월경'月經도 그렇죠. 한자로 풀면 '매달 지나가는 것'입니다.

페미니스트들은 이런 말 속에 여성이 피를 흘리는 현상을 떳떳하지 못한 것, 불미스러운 일로 보는 관점이 있다고 생각한 겁니다. '마법의 날'이 오면 친구들끼리도 속삭이듯이 말해야 하지요. 생리대를 안 가져온 날에는 "너 혹시 그거 있니?" 이러죠. 체육 시간에는 "저, 그날이에요"라고 합니다.

제가 학교 다닐 때는 한 달마다 피를 흘리는 건 어머니가 되기 위한 숭고한 행위라고 배웠습니다. 그러면서 바깥에 나가서는 이야기하지 말라고 하죠. 사적인 영역 안에 있을 때는 괜찮지만 공적인 장 안으로 갔을 때는 허용되지 않는 이중적인 담론장 안에 정혈의 문제가 놓여 있었던 겁니다.

화장실에서 조용히 처리하면 될 일을 뭐 좋은 일이라고 떠들어대냐고 핀잔을 받기 일쑤였죠. 공적인 영역을 차지한 남성들이 볼 때 정혈은 공적인 이슈가 아니었던 거예요. 자기들의 몸에서 일어나는 일이 아니기 때문입니다. 그저 여자들이 알아서 처리해야 할 문제였지요. 페미니스트들은 여성들 문제를 공적으로 문제 제기합니다.

그리하여 생리라는 용어부터 바꿔나가는 겁니다. '정혈'로 이름 붙이고 생리대는 '정혈대'라고 부르게 되었죠. 대구에 있는 페미니스트들이 저소득 계층 학생들에게 정혈대 무료 나눔 행사를 하기도 했고, 언론에서도 이 행사를 보도했습니다. 이런 일들은 여성의 몸에 관한 논의를 공적인 영역으로 끌어오는 효과를 가져옵니다.

정혈컵 사용도 문제 제기했죠. 일회용 정혈대 외에 여러 번 쓸 수 있는 정혈컵이 있지만 식약처에서 수입 허가를 내주지 않았지요. 필요한 사람들이 직접 해외에서 구매하는 수밖에 없었죠. 페미니스트들의 요구에 2017년 말 정식으로 정혈컵 수입이 허가됩니다.

페미스트들은 안전하게 정혈할 권리뿐만 아니라 정혈하지 않을 권리도 주장합니다. 약이나 시술로 정혈을 멈추게 하는 방법, 그리고 정혈을 멈춘 삶에 대한 후기를 SNS에 공유합니다. 부작용이나 이후 바뀐 삶의 방식 등을 정리해서 올려요. 이런 활동들은 그동안 사적이라고 여겨왔던 것들을 정치적인 장 안으로 끌고 들어오는 행위입니다. 그럼으로써 정치적인 것이 무엇인가에 대한 질문을 던지게 만들고, 정치를 재정의하면서 정치의 영역을 확장시켜 나가게 합니다.

페미니즘의 시간성

페미니스트로 산다는 건 굉장히 고된 일이지요. 마음은 세계를 통째로 재편하고 싶지만 현실은 성차별적인 관습과 여성 혐오적인 일상으로 점철되어 있기 때문이지요. 현실에 순응하고 타협하지 않으려면 늘 비판적 거리를 두어야 합니다.

내 눈앞에 벌어지는 성차별적인 관습을 당연시하며 체화하는 대신 비판적인 관점을 갖고 객관적인 거리를 만들어야 하죠. 그러면서 눈은 미래를 향해 있어야 하지요. 아직 도래하지 않은 더 평등한 미래를 현재 시점에서 계속 소환해야 한다는 뜻이지요.

'원래 그런 거야. 어쩔 수 없어.' 하고 굴복하지 않고 끊임없이 더 나은 미래를 상상해나가야 합니다. 여성과 남성의 임금격차를 말하고 정치나 교육, 경제, 문화 등 사회 각 분야의 여성 할당제에 대해 말해야 합니다. 이런 식으로 아직 오지

인권, 여성의 눈으로 보다
지금, 여기의 여성 운동

않은 미래를 현실에 지속적으로 소환하는 것이죠.

페미니스트의 삶은 현재에 오롯이 다 묶여 있지 않습니다. 비판적인 거리를 두고 끊임없이 미래적인 관점을 가져오는 것이죠. 현재를 부정하는 대신 부조리한 현실을 변화시키기 위해서 누구보다도 더 적극적으로 현실에 개입하기도 합니다.

그래서 비혼 여성들은 공동체를 만들어나가기 위하여 공동주택을 구해서 살거나 떨어져 살면서도 정기적으로 모임을 가지기도 합니다. 음식을 나누고 경제적 독립을 위한 노하우, 저축 비법 같은 지식을 공유하지요.

가부장적이고 남성 중심적인 사회에서 여성이 혼자 산다는 건 위험으로 여겨집니다. 여성들이 혼자 사는 집만 노린다는 뉴스를 흔히 볼 수 있죠? 심지어 범인을 잡고 보니 남성 경찰관이기도 합니다. 이런 뉴스를 보고 들은 사람들은 생각합니다. 아, 여자는 혼자 살면 위험하구나. 그래서 젊은 여성이 평생 혼자 살겠다고 말하면 주위 사람들 반응이 어떤가요? 너 그러다 큰일 난다. 배달음식이라도 안심하고 시켜먹을 수 있겠니. 지금은 젊으니까 그럴 수 있지만 늙어 봐라. 독거노인 되는 거야….

윤김지영

끊임없는 압력이 전방위적으로 들어옵니다. 이런 상황에서 경제적, 심리적, 물리적으로 남자에 의존하지 않고 독립적으로 살아가기란 무척 어려운 일이지요. 세상은 여성들에게 쓸데없는 상상하지 말고 좋은 남자 만나서 일찌감치 결혼이나 하라고 강요합니다. 여성들이 남성 중심적 현실에 정박하려면 '안전한 남성'을 찾는 일에 모든 노력을 쏟아야 한다는 겁니다.

그러나 페미니스트들은 현실에 순응하지 않고 대안을 모색해나갑니다. 아직 도래하지는 않았지만 비혼 여성들만의 공동체의 가능성을 탐구하는 거죠. 그리하여 지역에서 비혼 여성들끼리 모여 공동체의 청사진을 만들어가고 있습니다. 아직 오지 않은 미래를 현재로 가져오는 것, 바로 페미니스트들이 시간을 대하는 방식입니다.

나아가 페미니스트들에게 '과거'는 그저 지나간 순간이 아닙니다. 여성이 끊임없이 쟁투하고 싸워나간 역사이지요. 과거는 페미니스트들에게 영감의 원천일 뿐만 아니라 새롭게 발굴되어야 할 시간입니다. 그러나 과거는 언제든지 권력에 의해 은폐되거나 소실될 수 있습니다. 그 결과 굉장히 왜곡된 방식으로 전수되기도 합니다. 페미니스트는 왜곡된 또는 파묻힌 과거를 현재에 길어 올려 재의미화합니다. 과거가 생동감 있게 역사성을 부여받으면서 우리가 사는 현재의 일부가 됩니다.

그래서 페미니스트들에게 과거와 현재, 그리고 미래는 '촉각적인 시간성'을 가진다고 이야기할 수 있는 겁니다. 촉각은 만지고 느끼는 거잖아요. 과거-현재-미래가 끊어져 있지 않고 맞닿아 있는 거로 인식한다는 것이죠. 감각적으로 이어진 시간, 이것이 바로 페미니스트의 시간성입니다.

과거는 결코 돌아갈 수 없는 시간이 아닙니다. 2015년에 1900년대 초 영국의 참정권 운동의 역사를 다룬 <서프러제트>라는 영화가 개봉했습니다. 많은 이들이 이 영화를 보고 감동했습니다. 그런데 여러분, 당시 여성 참정권에 반대하는 논리가 무엇이었는지 아세요? 여자들은 비이성적이라 투표권을 행사하면 정치의 질이 떨어지고 가정일을 소홀히 해서 남자들이 고생한다는 것이었습니다.

페미니스트들은 늘 말이 안 되는 논리로 공격받았습니다. 지금도 다르지 않지요. 온라인에 글이라도 올리면 본 적도 없는 사람들이 못생겼다고 욕합니다. 연애를 못 해봐서, 남자들한테 사랑을 못 받아서 질투심 때문에 저런다고 말하죠.

양상은 다르지만 페미니즘에 저항하는 기득권의 반대 논리는 한결같습니다. 여성이 열등하다는 거지요.

그러나 페미니스트들은 절망하지 않습니다. 과거의 여성 운동 안에서 영감을 받고 힘을 얻죠. 그들이 했던 일들, 하지 못한 일들을 성찰해나가지요. 이를 통해 우리가 앞으로 무엇을 해나갈 수 있을지 대안을 모색합니다.

저는 강연을 다니면서 젊은 페미니스트들 만나는 경우가 많습니다. 10대, 20대 초반의 여성들이 많은데, 이들이 중심이 되어 탈코르셋 운동이 일어났습니다. 코르셋^{corset}이라는 게 여성들이 입는 보정용 속옷이잖아요. 코르셋은 꽉 조여서 굉장히 불편합니다. 그래도 맵시 있게 보이려고 입지요. 탈코르셋을 주장하는 페미니스트들은 여성을 옥죄는 외적, 내적 규범들, 강제된 여성성, 규범적 여성성의 코드들을 코르셋이라고 부릅니다.

탈코르셋 운동을 전개하는 여성들은 자신의 신체 이미지와 새로운 관계 맺기를 시도하는 것일 뿐만 아니라, 앞으로 올 미래의 여성들에게 '코르셋'을 되물림하지 않기 위해서라고 말합니다. 여성의 삶에서 유일한 가치가 남성에게 사랑받고 선택받는 것이 아니기를, 예쁘고 날씬한 몸이 여성으로서 자기 효능감을 느끼는 유일한 경로가 되지 않기를 바라는 마음에서 탈코르셋 운동에 참여한다고 합니다. 저는 놀랐습니다. 왜냐하면 제가 10대, 20대였을 때는 제가 세계의 중심이라고 생각했기 때문입니다. 나 자신의 미래를 고민하기는 했지만 제 후대, 즉 나보다 더 어린 여성들에 대해서는 별생각이 없었지요. 당시 페미니즘은 내 삶의 구원이었지, 그것이 나보다 더 어린 세대에게 미래의 지평을 열어주리라는 것까지는 미처 생각하지 못했습니다.

헬페미니스트들은 이 사회에서 사랑받고 행복해지기 위해 끊임없이 내달렸던 그 기나긴 시간들이 얼마나 자기 소진적이며 자기 혐오적인가를 직시하고 있습니다. 그리하여 그들은 미래의 아이들에게는 조금이라도 이 시간을 겪지 않게 해주고 싶다고 말합니다. 이처럼 헬페미의 현재는 과거와 연결되어 있으면서, 아직 오지 않은 미래의 지평을 이미 품고 있습니다.

'헬페미'-페미니스트 다중의 등장

헬페미니스트를 이해하기 위해서는 영페미니스트와 구분할 필요가 있지요. 영페미니스트들은 1990년대 후반부터 2000년대 초중반까지 활동했던 세대입니다.

주로 대학 내 운동권 여성들을 중심으로 한 세미나 그룹에서 형성되었지요. 그 안에서 마르크스주의, 아나키즘, 생태주의 등을 공부하다가 페미니즘 이론을 접합니다. 그래서 설득과 계몽의 언어가 이들의 특징입니다. 이들은 안티 미스코리아 운동, 성폭력 특별법 제정, 호주제 폐지 등을 이슈화하고, 부모 성 같이 쓰기 운동 등을 주도합니다.

헬페미니스트는 2015년 이후에 도래한 페미니스트들로 10~30대 초반 여성들로 주로 구성되어 있지요. 이들에게 페미니즘은 세미나를 통해 학습된 이론이 아니라 일상에서 살아남기 위한 생존 기술이자 저항 기술입니다. 2000년대 중반, 호주제가 폐지된 이후 남성들은 자신들이 오히려 역차별당하고 있다며 반발합니다.

호주제도 없앤 마당에 여자들은 뭐가 불평등하냐. 남자보다 더 많은 권리를 누리지 않느냐. 군대도 안 가고 일찌감치 취업해서 돈 벌지 않느냐. 이런 논리가 급부상하죠. 그리하여 대학에서는 '여학생회'가 주된 공격 대상이 됩니다.

남자들의 저항은 온라인에서 더욱 조직화됩니다. 2010년에 일베 사이트가 만들어지죠. 이를 시작으로 '김치녀', '베이글녀' 등 '-녀'가 붙은 혐오의 언어들이 초나 분 단위로 온라인에서 재생산되어 오프라인까지 장악하기에 이릅니다. 미러링 사이트 메갈리아가 등장하기 전까지 그랬습니다.

운전도 할 줄 모르면서 차를 몰고 나와 민폐를 끼치는 '김여사 시리즈'부터 온갖 여성에 대한 비난이 풍자라는 이름으로 온라인 게시판을 도배했지요. 텔레비전을 켜면 여성의 외모를 비하하며 웃음 코드로 삼는 장면이 수도 없이 나왔습니다. 기분 나빠하면 속 좁은 사람이 되고 웃지 않으면 동시대의 유머 코드를 모르는 사람이 되어 버렸지요.

2015년 무렵이면 온라인과 오프라인의 경계가 무너집니다. 스마트폰과 무선 인터넷의 대대적 보급으로 사람과 사람, 사람과 사물, 사물과 사물 사이는 초연결됩니다. 이제 여성 혐오는 놀이가 되고 문화가 됩니다. 우리 일상에 범람하게 되지요. 사람들은 무엇이 문제인지 알지 못합니다. 웃고 떠드는 동안 자연스레 혐오를 내면화하게 되지요.

윤김지영

이건 아니다 싶어서 항의하면 곧바로 공격이 들어오지요. '너도 김치녀여서 그렇지?' 한두 사람도 아니고 집단적으로 이런 비난에 직면하면 위축되지 않을 사람이 없지요. 그리하여 마음을 고쳐먹게 됩니다. 마녀 사냥의 불에 덩달아 타죽지 않으려면 침묵해야 하지요. 함께 돌을 던져서 나의 완전 무결성을 증명해야 할 때도 있습니다.

남성들이 여성들에게 침묵을 강요하는 방식은 비난이나 협박에만 있지 않습니다. 그들은 말하죠. 너는 '김치녀'가 아니야. 너에게 하는 말이 아니라고. 남자들에게 기생하면서 이용하는 소수의 나쁜 여자들을 말하는 거야. 그래도 네가 기분 나쁘다면 그건 네가 찔려서가 아닐까? 회유임과 동시에 너만의 김치녀의 싹을 잘라낼 것을 권고하는 것이죠.

온라인 공간은 그 특성상 다수가 우위를 점합니다. 한 사람이 아무리 진실을 이야기해도 나머지 열 사람이 비난하면 그게 대세가 돼요. 또한 유머 코드가 강하게 작동하죠. 정색하고 받아치면 외려 놀림거리가 되지요. 웃자고 하는 말에 죽자고 달려드네? 이런 정서가 있기 때문에 반론이 거의 불가능합니다. 누군가가 '김치녀', '된장녀'는 여성 혐오적인, 성차별적인 용어입니다. 자제하시죠. 이렇게 말했다가는 당장

"너 선비니?" 하고 조롱당합니다.

그리하여 영페미니스트들의 무기였던 설득의 언어, 계몽의 언어가 통하지 않았던 겁니다. 그들이 취한 전략은 주로 연구와 분석이었습니다. 오프라인 공간에서 열심히 논문 쓰고 해외 페미니즘 이론을 잘 번역해서 학계에 퍼뜨리면 새로운 변화가 올 거라고 생각했지요. 하지만 현실은 예상을 빗나갑니다. 10대 20대 여성들이 온라인과 오프라인을 넘나들면서 혐오의 표적이 됩니다. 이들은 김치녀가 되지 않기 위해, 무개념녀가 되지 않기 위해 자신을 끊임없이 감시해야 했습니다. 내가 노력해도 남이 그렇게 볼 수 있기 때문에 늘 상대방을 의식해야 하지요. 항상 자기검열을 하다가 더는 견딜 수 없는 지경에까지 이르게 됩니다. 설득의 언어가 들어설 수 없는 여성 혐오적 현실 속에서, 무기력과 체념에 시달리던 이들이 이제 반격을 시작한 겁니다. 이처럼 여성 혐오가 임계점에 이른 상태에서 여성들이 택한 방법은 무엇일까요. 바로 '미러링'입니다. 가해자들의 행위를 본 따서 되돌려줌으로써 가해자들의 언행이 얼마나 부조리한가를 직시하게 만듭니다. 남성들의 언어로 그들의 행태를 비웃고 이를 유머 코드로 비틀어버리는 거죠.

메갈리아를 중심으로 미러링의 언어, 반격의 유머가 퍼져 나갑니다. '남초'화된 온라인 공간을 여성들이 하나씩 재탈환하기 시작한 것이지요. 메갈리아의 등장은 젊은 여성들이 생존을 위해 스스로 전쟁터에 뛰어들었음을 의미합니다. 자기 방어의 연장과 무기들을 직접, 자기 손으로 만든 거예요. 우리는 이들을 '헬페미니스트'라고 부릅니다.

헬페미니스트의 특징 중 하나는 자신들의 존재를 적극적으로 드러낸다는 점입니다. 낙태죄 폐지를 위해서 처음으로 거리에 등장했습니다. 낙태죄 폐지는 페미니스트들의 주된 화두였습니다. 이전 세대들도 여성 인권 차원에서 이 사안을 중요한 쟁점으로 인식했지요. 싸움의 방식은 달랐습니다. 이전 세대는 연대 서명을 택했지만, 거리로 나올 생각은 하지 못했습니다.

왜냐하면 거리에서 임신 중절권을 주장하다가는 폭력에 노출될 수 있었기 때문입니다. 실제로 성적으로 문란하다느니, 생명을 경시한다느니 하면서 언어적, 물리적 폭력에 시달려야 했기 때문에 연대 서명의 방식을 채택했던 것입니다.

그런데 헬페미들은 거리로 나옵니다. 거리를 점유하고 내 몸은 나의 것이라고 당당하게 외치죠. 선배 여성들이 호주제를 폐지했다면 우리는 낙태죄를 폐지하겠다고 이야기합니다. 그들에게 페미니즘은 추상화된 이론이나 서양에서 수입된 담론이 아닙니다. 일상 안에서 살아남기 위한, 무릎 꿇지 않고 살아가기 위한 생존 기술이자 저항 기술입니다.

2015년 이후 페미니즘이 시대정신으로 자리 잡습니다. 저는 이때를 기점으로 페미니즘의 지형이 바뀌었다고 생각합니다. 그전에는 페미니스트이거나 페미니즘을 연구하는 사람들이 극소수였습니다. 전문적 연구자 그룹과 활동가 그룹으로 나뉘어 있었고요. 그러다가 페미니스트 다중이 도래하여, 새로운 축을 형성하게 된 겁니다.

저는 '대중'이라는 말 대신 '다중'이라는 말을 씁니다. 이탈리아 철학자 안토니아 네그리와 미국 철학자 마이클 하트가 만들어낸 개념이지요. '다중'은 선동을 통해 정치적으로 주체화가 가능한 집단이 아닙니다. 고유한 특성을 가진 존재이자 일반화될 수 없고 집단화될 수 없는 존재예요. '다중'에게는 상명하달식의 의사소통 방식이 통하지 않습니다. 그들에게 페미니즘은 학습된 것이 아니라 스스로 깨달은 것입니다. 학교에서 이론을 통해 배운 게 아닙니다. 교실에서 거리에서 인터넷에서, 누군가 나에게 여성 혐오적 공격을 했을 때 나 자신을 방어하기 위한 방어의 언어로서 터득한 것입니다. 이제 페미니즘은 권위자에게 배우는 것이 아니라 스스로 학습하는 것, 또래끼리 불합리의 경험을 함께 나누고 이에 맞서기 위한 저항 기술로 온몸으로 체화해나간 것입니다.

이들은 온라인 공간에서 갑론을박을 통해 새로운 여성 의제를 내놓고 있습니다. '탈코르셋 운동'이나 '4B 운동', '여성 서사 다시 쓰기'부터, 매달 첫 째주 일요일 하루 동안만이라도 소비를 멈추자는 '여성 소비 총파업' 같은 의제들을 계속해서 만들어나갑니다. 이러한 활발한 여성의제들은 전문가 그룹에 의해 생산된 것이 아닙니다.

저와 같은 기성세대 페미니스트 연구자 그룹은 그러한 의제에 대해 비판하거나 의미를 실어주거나 해석하는 역할을 합니다. 페미니스트 다중은 이러한 의제를 적극적으로 생산해냅니다. 이것이 바로 '페미니즘 제4물결'입니다.

"가장 사적인 것이 가장 정치적인 것이다"

2011년 4월 캐나다에서 '슬럿워크'slut walk 운동이 일어납니다. 헤픈 여자^slut 같은 옷차림이 범죄를 일으킨다는 경찰서장의 발언에 분노한 캐나다 여성들이 항의 행진을 시작했습니다. 이후 이 행진은 전 세계로 퍼져 나갑니다. 페미니스트 학자들은 이때를 제4물결의 시작으로 봅니다. 인터넷, SNS 같은 디지털 매체를 적극적으로 활용하고, 미시적이며 사소한 일상의 영역으로 여겨졌던 것을 정치적 영역으로 끌어올렸다고 평가하지요. 이전과는 다른 양상입니다.

예를 들어 내가 출근길에, 혹은 등굣길에 성차별적인 언어폭력, 성추행을 당하면, 예전 같으면 아침부터 재수가 없네, 일진이 왜 이리 사납지, 하면서 불쾌함을 잊으려 노력합니다. 그런데 지금은 어떤가요. SNS에 방금 겪은 일을 올리고 공유를 합니다. 이 일은 순식간에 퍼져 나가면서 파편화된 개인적 경험이 모두의 경험이 되지요. SNS에 올라오는 순간 이 사건은 기록^archiving됩니다. 공감을 통해 사건이 공유되지요. 개인적 경험이 구조적이고 제도적인 문제 때문이라는 인식이 만들어집니다. 이 차별적인 현장을, 여성 혐오적인 일상을 바꿔보자는 목소리가 커지죠. 그리하여 온라인 청원이나 시위가 조직됩니다. 엄청나게 빠른 속도로 의제가 설정되고 행동이 일어나죠. 이전 같으면 넋두리로 끝났을 사건이 정치적 영역으로 확대되는 겁니다.

또 다른 양상으로는 이들이 기존 정치 시스템의 남성 중심성이나 연령주의, 업적주의를 강하게 비판한다는 겁니다. 기성의 권위에 기대지 않으려 하죠. 2016년 강남역 주변 노래방이 있는 건물 화장실에서 한 여성이 살해됩니다. 살인범은 여자들이 자기를 무시한다는 이유로 범행을 했다고 진술했지요. 이 사실이 알려지자 강남역에 수많은 여성들이 모여 추모 집회를 이어갔습니다.

이 집회에 참여한 여성들은 특정 단체 이름으로 조직되지 않았습니다. 헬페미니스트들은 익명의 여성으로 남기를 선택한 것이죠. 이는 기존의 운동 문법을 깨뜨리겠다고 선언하는 일과도 같습니다. 여성단체와 연대해서 성명을 발표하는 대신 불특정 다수의 여성들과 함께 행진을 조직하고 시위를 이어 나갔습니다.

그러나 제4물결이 이전 세대와 단절된 모습만 보인 것은 아닙니다. 온라인 공간과 오프라인의 초연결성 속에서 의제를 발굴하고 확산시켜나가며, 여성 의제의 생산자 그룹이자 해석자 그룹으로 전면적으로 나선다는 측면에서 기존의 아카데미적 페미니즘과 구분되지만, 이들이 제시하는 의제는 이전 세대의 페미니즘과 문제의식을 공유하기 때문입니다. 여기서 잠깐 이해를 돕고자 1~3물결 페미니즘을 소개하고 넘어가도록 하지요.

프랑스 대혁명 이후 19~20세기 초의 페미니즘을 제1물결로 분류합니다. 이 시기 페미니즘 운동은 참정권, 교육권과 경제적 독립을 이야기했죠. 지금도 여성과 남성 간의 동일임금 동일노동을 요구하고 정치 경제 사회 문화 각 분야에서 여성 할당제를 요구합니다. 최근 국공립대학의 여성 교수 비율을 16퍼센트에서 25퍼센트로 올리도록 법이 개정됐습니다. 이런 것이 바로 제1물결 페미니즘 의제와 공명하는 것이지요.

제2물결 페미니즘은 1960~70년대 흐름을 말합니다. 제1물결이 공적 영역에 여성이 진출하는 것이 목표였다면 제2물결은 비정치적이고 사적인 영역에서의 차별 철폐를 목표로 합니다. "가장 사적인 것이 가장 정치적인 것이다"라는 구호처럼 그동안 개인적이라고 생각했던 것들이 가지는 정치성을 깨달은 겁니다.

이들은 여성의 몸과 섹슈얼리티에 대한 통제를 거부합니다. 그리하여 임신 중절권과 피임의 권리를 요구합니다. 이러한 의제들은 오늘날에도 이어집니다. 정혈하지 않을 권리, 낙태죄 폐지, 탈코르셋 운동 등이 바로 그것입니다. 예전에는 화장과 다이어트가 개인의 미용 차원이었다면 지금은 가부장제 내에서 선택받은 몸이 되기 위해 부여받은 과제로 인식함으로써, 사적이고 개별적인 것이 가지는 정치성을 더 활발히 이야기하게 되었습니다.

제3물결 페미니즘은 1980년대와 1990년대에 주로 일어난 여성 운동으로 특정 계층, 예를 들면 백인 여성들 중심에서 피부색과 국적, 사회계층 등에 의한 여성들의 다양성과 차이에 주목합니다. 인터넷의 발달로 오프라인에서 온라인으로 운동의 장이 넓어지는 것도 특징 중 하나이지요.

한국 페미니즘은 굉장히 복합적인 층위를 갖고 있지요. 기술 지형적, 형식적 측면에서는 제4물결 페미니즘이지만 정치적 의제의 내용 국면에서는 제1물결과 제2물결 페미니즘의 의제들이 뒤섞여 있는 복합성을 띱니다.

호명받은 존재에서 호출하는 존재로

성차별적인 문화는 끊임없이 여성들을 호명합니다. 그것이 낙인의 이름이든 승인의 이름이든 계속해서 여성들을 불러 세우죠.

일상에는 여성을 부르는 다양한 호칭들이 존재합니다. 그리고 그 안에는 어떤 의도와 효과가 있지요. 예를 들어 '성녀' '미녀' 같은 고전적인 말부터 '개념녀', '엘프녀' 같은 신조어까지 여성을 대상으로 한 다양한 말들이 있습니다. '미녀'가 되고 싶으면 어떻게 해야 하지요? 자신의 얼굴과 몸매를 부단히 가꿔야 합니다. 그런 사람만이 '미녀'라는 타이틀을 얻을 수 있지요. 그런데 그 기준을 누가 정하나요? 당연히 가부장제의 기득권을 차지하고 있는 남성들이죠. '개념녀'는 또 어떤가요? 남성의 의견에 대립하지 않고 그들의 주장에 동조해야 그런 호칭을 들을 자격이 주어지죠.

여성에 대한 호명은 긍정적인 것보다 부정적인 것이 더 많습니다. 주위를 둘러봐도 창녀, 맘충, 꼴페미, 보슬아치 등 여성을 대상화하고 낙인찍는 혐오의 호칭들은 수도 없이 많지요. 이런 소리를 듣지 않으려면 자기가 그런 존재가 아님을 적극적으로 부인하고 해명해야 합니다. 내가 원하지 않아도 누군가 나를 이렇게 부르지요. 그리고 그렇게 부르는 사람 앞에 끌려가서 그렇지 않다고 일일이 설명해야 하는 일이 벌어집니다. 이런 호명 행위들은 일상에서 여성들을 주인이 아닌 사물로 만듭니다.

이를 상징적으로 보여주는 사건이 있는데, 바로 여자 아이돌들의 케이스입니다. 이들은 평소 남성팬들로부터 완전 엘프녀아름다운 여자네, 주위의 '오크녀'못난 여자와는 비교도 안 되는 존재네 하며 칭송받습니다. 아름다운 외모로 '여신'이라는 호칭이 '승인'됩니다. 그런데 여자 아이돌이 SNS에 『82년생 김지영』을 읽었다는 내용을 올리거나 최근에 읽은 책이라며 인터뷰하거나, 여성 대상 폭력을 반대하는 해시태그를 작성하는 순간, 바로 그들에 대한 '호명'이 바뀝니다. 어떻게요? '꼴페미'로 낙인찍히는 거죠. 남성들은 해당 연예인의 사진을 찢고 불태우거나 국민청원으로 사형을 청원하는 등 도무지 용납하기 어려운 공격적인 행동을 합니다.

천상의 '여신'이 하루아침에 '꼴페미'가 돼버리는 겁니다. 이런 극단적인 변화가 어떻게 가능할까요? 사람은 그대로인데 호칭만 바뀌었지요. 승인과 낙인의 호명 행위는 여성의 본질적인 속성과 무관합니다. 남자들 마음대로 붙였다 뗄 수 있는 겁니다. 자신들이 설정한 욕망의 대상이자 자신들이 꿈꾸는 여성상에 가깝다 싶으면 '엘프녀'라는 이름을 붙이고, 기분 나쁘면 언제든 끌어내려 혐오의 타이틀을 붙입니다. 남성들은 그런 권력을 자신들이 가지고 있다는 사실을 아주 잘 알지요. 호명의 질서 속에서 끊임없이 대상을 바꿔가며 자신들의 힘과 욕망을 그렇게 과시합니다.

이런 흐름을 결정적으로 바꾼 것이 바로 2015년 '메갈리아'의 탄생이죠. 이제 여성들은 남성들의 '호명' 문화를 대항의 수단으로 차용합니다. 이를 통해 남성에 의한 일방적 호명을 거부하고 이 사회의 뿌리 깊은 성차별과 여성 혐오의 현장을 낱낱이 드러내지요. 온라인 운동이 진화하면서 SNS 등을 통해 문제의식을 실시간으로 공유합니다.

여러분, '캣콜링'이라는 말을 아시나요? 길거리에서 남성들이 여성들을 향해 던지는 희롱의 언어들을 말합니다. "예쁘네. 시간 있어?", "엉덩이 죽이는데, 남자친구 있어?" 휘파람을 불기도 하고 심지어 따라오기까지 합니다.

남자라면 5분 만에 다녀올 거리를 여성은 한참을 시달리며 다녀와야 하죠. 이는 일상의 거리가 남성들에 의해 장악

된 세계임을 보여줍니다. 나는 언제든 마음에 드는 여성이 나타나면 관심을 표현할 수 있다. 너의 몸을 평가하고 너와 함께하고 싶다는 마음을 적극적으로 드러낼 수 있다. 여성인 너는 이런 나를 받아들여야 한다. 이렇게 생각하는 거죠.

남자들은 "끝내주는데.", "다리 미끈하네.", "엉덩이 좀 봐." 이런 말들을 여성들이 기꺼이 칭찬으로 받아들여야 한다고 생각하죠. 왜 여성들이 거부하는지 이해하지 못합니다. 외려 '듣기 좋은 말' 아니냐고 반문합니다. 이런 식의 일방적 '호명'은 듣는 사람의 태도까지 규정해버립니다. 내 기분, 내 느낌을 호명하는 상대가 정해버리는 겁니다. 여성이 기분 나쁜 눈으로 쳐다보거나 "그런 말 하시면 안 됩니다"라고 말하면 바로 화를 냅니다. 남성이 기대하고 정해준 반응이 아니니까요. 자신을 감히 거부하고 무시했다고 생각하기에, 화 내는 겁니다.

여성들이 이런 캣콜링 문화에 적극적으로 반격을 가하며 동영상을 찍어 SNS에 올리기 시작합니다. 남자들은 이 일이 공유된 순간 자신이 무슨 짓을 저질렀는지 알게 되는 거죠. 제4물결 페미니즘은 일상에서 벌어지는 폭력을 개인적 차원에서 해결해야 한다고 생각하지 않습니다. 처신의 문제가 아니라 구조적인 문제라고 생각하는 것이죠. 그래서 현장을 고발하고 싸워나가는 겁니다.

이제 여성은 호명당하는 자에서 호출하는 자가 됩니다. 문화와 예술, 매스미디어, 광고 등에 숨은 여성 혐오와 성차별적인 관습을 지금 여기의 순간으로 다시 '호출'합니다. 이것이 누구의 관점에서 쓰여졌는가. 누구의 서사를 의도적으로 탈각하고 있는가. 이것이 어떤 문화를 장려하고 있는가. 무엇을 은폐하는가를 묻기 시작하죠.

'호명'은 철학적으로 중요한 개념입니다. 프랑스 철학자 루이 알튀세르가 만든 말인데요. 제가 개인적으로 선호하는 개념이기도 합니다. 누군가 부르는 행위에는 모종의 기획이 있습니다. 예를 들어 누군가 권위적인 목소리로 등 뒤에서 "어이, 당신!"이라고 하면 나도 모르게 뒤를 돌아봅니다.

뭔가 잘못했나 싶어 불안하고 왠지 머리카락이 쭈뼛쭈뼛 섭니다. 혹시 내가 무단횡단 했나, 뭐지? 하는 마음이 들지요. 조심스럽게 "저요?" 하고 되묻습니다. 학교에서 복도를 걷고 있는데 선생님의 위엄 있는 목소리가 "어이, 거기 학생" 해도 그렇죠. 내가 뭘 잘못했지? 어제 야간 자율학습 때 자는 걸 들켰나? 나, 지금 안 뛰었는데. 잠깐, 명찰은 제대로 달았나?

누군가 '호명'할 때 그것이 곧바로 나를 겨냥한다고 오인하게 되는 겁니다. 나도 모를 자책, 죄책감과 권위적인 목소리에 대한 경외와 두려움이 내부에서 발생하기 때문이죠. 그리고 뒤를 돌아보고 맙니다. 이렇게 '호명'에 반응하는 순간, 나는 이미 특정한 이데올로기 장치 안에 포섭되는 거지요. 이것이 바로 알튀세르가 말하는 '호명'입니다. 즉, 이러한 호명 행위는 호명하는 자와 호명당하는 자의 권력관계를 확인하고 강화합니다.

길을 가는 여성에게 행해지는 '캣콜링'은 어떤가요? 단지 길을 걷고 있을 뿐인 여성들은 끊임없이 '끝내주는 여자', '엉덩이가 예쁜 여자', '다리가 환상적인 여자', '번호 얻어내고 싶은 여자'로 호명됩니다. 그 순간 이 여성은 인격을 갖춘 한 인간에서 사물화된 몸으로 추락하는 경험을 하죠.

온라인상에서도 마찬가지입니다. "너, 개념녀야, 무개념녀야?", "꼴페미냐, 올바른 페미냐?" 남성들은 이런 호명 행위로 여성들을 자신들의 기준대로 재단하려고 합니다. 요즘은 페미니즘을 공격할 때에도 다양한 언어를 동원합니다. '올바른 페미니즘'은 물론 '공정성', '정의' 이런 말들을 쓰죠.

우리가 페미니즘을 비판하는 건 절대 너희들을 차별하고

싫어서가 아니야. 공정하지 않기 때문이라고. 예전에는 어땠을지 모르지만 지금의 페미니즘은 공정하지 않아. 변질된, 잘못된 페미니즘이야. 올바른 페미니즘은 남성을 차별하지 않거든. 대략 이런 논리죠. 그런데 무엇이 대체 올바르고 공정한 페미니즘일까요? 물론 그 기준은 남성들이 정합니다.

그 기준에 맞으면 '올바른 페미니즘', '진짜 페미니즘'이 되고 그렇지 않으면 '꼴페미', '메갈' 등으로 불립니다. 끊임없이 위계적으로 가치를 나누고 마치 여성의 적은 여성인 것처럼 여성들을 서로 경쟁하게 만들죠. 이러한 호명의 문화에서 여성들은 낙인찍힌 자와 승인받은 자로 분리됩니다. 일종의 분할 통치입니다.

때로 이러한 호명은 너무도 유혹적이죠. 누군가 여러분에게 "오늘 너무 아름다우세요.", "우리 학교에서 제일가는 미녀세요.", "정말 개념녀로군요." 했을 때 왠지 모르게 기분이 좋죠. 남성들의 '승인' 승급에 들어갔을 때 뿌듯하고 인정받은 느낌이 들기도 하지요. 이를 위해 화장을 하고 다이어트를 합니다. 말투도 공손하게 표정도 조심조심, 언제 올지 모를 승인의 순간을 위해 고군분투합니다. 오늘 회사에서 '화사하다'는 칭찬을 받았다면 내일의 화사함을 보장받기 위해

식단을 조절하고 예쁜 의상을 입습니다. 하지만 이러한 호명은 영원하지 않지요. 어느 날부터인가 반응이 예전 같지 않습니다. 그러면 곧바로 자기검열이 시작됩니다. 내가 뭔가 잘못했나? 얼굴이 부었나? 오늘의 나는 어제의 나와 내일의 나와 경쟁합니다. 그러나 위기는 외부에서 찾아오기도 합니다. 더 젊고 예쁜 신입사원이 들어오자 사람들이 말하죠. "에이, 신입 옆에 있으니까. 차이가 확 나네. 좋은 시절 다 갔어." 그런 이야기를 들으면 화가 나기도 하고 이 젊은 여성이 내 자리를 빼앗은 것처럼 느껴지죠. 이렇게 남성은 여성의 적이 여성인 것처럼 오인하게 만듭니다.

남성들의 승인은 늘 대상을 옮겨 다닙니다. 오늘은 나였지만 내일은 또 다른 여성이 될 수 있습니다. 그렇기에 남성이 독점한 '호명의 문화'에서 여성은 끊임없이 그 승인의 순간, 그 찰나의 희열을 유지하기 위해 자기검열과 고군분투의 시간을 보내게 됩니다. 남성들의 호명은 결코 여성이 영원히 소유할 수 있는 게 아니기 때문입니다. 남성들에 의해 자의적으로 부착되었다가 언제든지 떨어져 나갈 수 있는 것이죠. 이런 상황에서 여성은 항상 불안과 강박에 시달릴 수밖에 없습니다.

낙인의 심급은 더 가혹하죠. "당신 꼴페미야?", "혹시 남성 혐오주의자세요?" 잠재적 폭력을 수반하는 이런 호명에 "네, 맞아요"라고 대답할 수는 없습니다. "나는 그런 사람이 아니야. 저 정도는 되어야 꼴페미지." 이렇게 부인하고 해명할 수밖에 없죠. 이것이 낙인의 호명이 주는 효과입니다. 호명의 문화는 이렇게 일상에 스며들어 여성의 삶을 남성들의 질서에 포박시킵니다.

남성이 만든 호명의 질서는 끊임없이 여성의 자리를 일방적으로 분배하는 방식으로 작동하죠. 너는 '성녀'니까 여기, 너는 '창녀'니까 맨 아래 거기, 너는 '꼴페미'니까 이쪽이고 너는 '개념녀'니까 저기야. 이렇게 일방적으로 위치를 부여합니다.

분할의 효과는 직접적입니다. '미녀'는 '미녀'답게 '오크녀'는 '오크녀'답게 행동하라고 요구하지요. 스스로 자리를 옮길 수는 없습니다. 다만 노력하면 '개념녀'나 '올바른 페미니스트'가 될 수는 있어요. 물론 결정은 남자들이 합니다. 이런 질서 안에서 여성들은 가부장제에 포섭할 만한 여자, 무시해도 되는 여자, 칭찬해줄 필요가 없는 여자 등으로 구분되어 왔죠.

2015년 메갈리아가 등장하기 전까지는 많은 여성들은 호명을 두려워했습니다. '김치녀', '보슬아치'가 되지 않으려고 갖은 노력을 했지요. 그러다가 문득 깨닫습니다. '개념녀'의 자리가 언제나 거기에 있는 것이 아니라는 것을. 내가 뚱뚱하고 못생기고 애교가 없어서 '오크녀' 대우를 받는 게 아니라는 것을. 화려한 '엘프녀'도 언제든 추락할 수 있다는 사실을. 살을 빼고 더 상냥해지고 애교를 배우고 화장을 더 잘하고 예쁜 치마를 입어도 끝까지 승인의 영역에 머무는 건 불가능합니다. 남성들의 기분과 기준은 언제든지 변할 수 있으니까요. 여성들은 비로소 알게 된 거죠. 남성들이 정한 승인과 낙인의 범주 안에서 일희일비한다는 것 자체가 남성 통제 질서를 유지시킨다는 사실을 말입니다. 그리고 다짐하죠. 더는 그들의 일방적 이름 붙이기에 순응하지 않겠다고. 그들이 좋아하는 몸을 만들기 위한 행동, 노력 그리고 실패했을 때의 자기혐오, 이런 것들로부터 자유로워지겠다고.

탈코르셋 운동이 이렇게 시작된 것입니다. 젊고 아름다운 여성의 몸은 이 사회에서 안락하고 행복하게 살아가는 일종의 하이패스 같은 것처럼 오인되어 왔습니다. 그런데 오늘날의 10~20대 여성들은 감히 이 사회적 환상을 거부하고 박살내버립니다.

'나는 더 이상 남성에게 선택받고 남성들이 더 욕망할 몸이 되어서 더 좋은 남성과 사귀기 위한 노력을 하지 않겠다'고 선언하죠. 남성들이 엄청나게 당황합니다. 그동안 당근과 채찍처럼 낙인과 승인을 통해 여성들을 통제해왔는데 이 방법이 더 이상 유효하지 않게 되었으니까요. 승인이고 뭐고 안 받겠다는 데에서 통제수단 자체가 사라져버렸으니까요.

이제 여성들은 호명 자체를 문제 삼을 뿐만 아니라, 여기 이 자리에 남성 중심적 문화와 일상 자체를 '호출'함으로써 오랫동안 작동되어온 남성 질서를 해체하기 시작합니다. 가까운 예로 대중문화를 들 수 있습니다. 예전에는 방송에서 보여주는 대로 보고, 들려주는 대로 듣는 편이 훨씬 더 많았습니다. 매스미디어에서 찍어내는 것들을 무비판적으로 수용하는 일이 빈번했지요. 그러나 이제는 문화 전반에 대한 '호출하기'를 통해 적극적인 참여자로서 활동하고 있습니다. 남성들이 붙인 '엘프녀', '개념녀' 등을 거부하고 여성 스스로 자신들의 관점에서 이 사회를 호출합니다. 아티스트의 행동들이나 퍼포먼스에 피드백을 주면서 동시대 여성으로서 어떻게 응답할 것인가를 지켜보고, 비판하기도 하고 응원하기도 하지요.

페미니스트 다중이 쓰는 새로운 역사

오늘날 한국의 페미니스트 다중은 페미니즘 생태계를 풍부하게 하고 있습니다. 헬페미니스트들은 함께 책을 읽고 번역도 합니다. 온라인에서 그림이나 글을 공유하고 오프라인에서 잡지 형태로 발간하기도 하지요. 아티스트 그룹은 전시회를 엽니다. 이들은 기존 예술작품에서 여성의 몸이 사물화되거나 과잉 성애화되어 있다는 문제의식을 갖고 있지요. 그래서 성적 사물화가 아닌 방식으로 여성의 몸을 재현하고 가시화하고자 하는 다양한 예술적 실험을 합니다. 그 결과를 온라인과 오프라인에서 전시회를 열기도 하죠. 직접 예술 작품의 생산자 그룹이 되는 겁니다.

이들에 대한 비판도 있습니다. 반지성주의다. 철 지난 이슈를 끌고 온다. 퇴행적이다. 이런 이야기를 듣습니다. 그러나 페미니즘의 과거와 현재, 미래는 분절된 게 아닙니다. 과거를 발굴하고 소환해서 재의미화합니다. 현실의 원리 안에 갇히지 않고자 미래를 가져오고 상상합니다. 페미니스트에게 시간은 서로 연결되어 있기 때문이죠. 그렇다면 지금 헬페미니스트들이 제1물결과 제2물결의 의제를 호출하는 게

퇴행이라고 할 수 있을까요?

여성 운동의 역사를 보면 알 수 있듯이 권리 하나를 쟁취하기 위해 수많은 여성들이 피와 땀을 흘립니다. 그러나 역사는 직선이 아니기에 언제든 뒤로 후퇴할 수 있습니다. 우리나라에서 낙태죄가 헌법 불합치 판결을 받았지만, 미국의 여러 주에서는 낙태죄가 부활합니다. 완성된 역사란 없습니다.

1970년대에 이미 끝난 이야기를 50년이 지난 이 시점에 다시 의제로 삼는 게 타당하냐고 하는 지적은 그런 의미에서 맞지 않습니다. 지금 여기에서 다시 이야기된다는 말은 아직 제대로 해결되지 않았다는 뜻입니다. 과거의 모순이 그대로 남아 오늘날 다른 모습으로 지속되고 있기 때문이죠.

반지성주의라는 비판도 그렇습니다. 헬페미니스트에게 이런 프레임을 씌우는 것은 새롭게 재편된 페미니즘의 지형을 인식하지 못한 결과라고 생각합니다. 그동안 페미니즘 운동을 이끌던 활동가 그룹과 연구자 그룹이 보기에 페미니스트 다중의 출현은 교란이자 도전 자체입니다.

실제로 페미니스트 다중은 기존의 활동가 및 연구자 그룹의 한계를 지적합니다. 그들이 보이는 연령주의, 권위주의,

업적주의를 비판하죠.

저도 그렇지만 대학 안에 있으면 현실감각이 떨어질 위험이 있습니다. 그 결과 현실의 물적 조건, 가장 절박한 그 순간과 너무나 동떨어져서 이론을 위한 이론을 생산하기도 합니다. 저도 그랬습니다. 한동안 추상적인 글을 쓰면서 자기만족에 젖어 있었지요. 그러나 현실과 괴리된 이론은 위험합니다. 그 간극을 좁혀야 한다는 압력이 페미니스트 다중으로부터 들어온 거지요.

이런 비판은 참으로 뼈아픕니다. 같은 편인 줄 알았는데 어떻게 나를? 그렇다면 지금껏 내가 해온 활동은 대체 뭐가 되지? 왜 나를 존경하지 않는 거야, 내가 얼마나 열심히 해왔는데. 이런 마음이 생기기도 하지요. 이는 결국 세대 갈등으로 번질 가능성이 큽니다. 그런 갈등을 막는 방법은 하나입니다. 변화한 현실을 과거의 프레임으로 재단하고 심판하길 멈추고 이를 인정하고 존중하고 토론하고 논쟁해나가는 겁니다.

오늘날 페미니즘 운동은 과거 운동을 이끌던 연구자 그룹과 전문 활동가 그룹에 새롭게 등장한 페미니스트 다중이라는 세 축으로 움직이고 있습니다. 이들은 긴밀하게 연결되어 영향을 주고받으며 갈등하고 경쟁하기도 합니다. 페미니스트 다중이 신생 활동가가 되거나 기존 여성단체에 들어가기도 하고 연구자 그룹의 후속 세대가 되기도 합니다. 즉 경합하기도 하지만 계승하기도 한다는 것이죠. 기성세대는 이러한 페미니즘의 지형 변화를 누구보다도 잘 이해하고자 노력해야 합니다.

이제 정리할 때가 된 것 같은데요. 마지막으로 한 말씀 드리면서 강의를 맺도록 하겠습니다. 오늘날 페미니즘의 시대는 바로 여러분들이 열어나가고 있습니다. 저와 같은 기성세대 페미니스트에게는 분명 한계가 존재합니다. 세대 차이나 시대적인 문법의 차이로 인해, 현실을 바라볼 때 일종의 막이 드리워지게 되는 겁니다. '쟤네들이 왜 저러지? 우리 때는 안 그랬는데. 내가 배운 페미니즘 이론에서는 다 끝난 얘기인데 쟤들은 왜 저러지?' 이런 식으로 몰이해에 빠질 수 있지요. 그러면 지금 이곳에서 격동하는 페미니즘을 제대로 보지 못하거나, 그 운동의 혁명성과 맥락을 읽어내지 못하고 예단하고 심판하는 데 그치고 맙니다. 그러니 기성세대나 엘리트 그룹의 승인을 기다리지 말고 여러분 자신의 역사를 기록하고 해석하고 생산해나가기 바랍니다. 자신들의 역사를 다른 이들의 손에 결코 맡기지 마시길 부탁합니다. 고맙습니다.

윤김지영

국가, 군대 그리고 남성

 인권연대 사무국장

인권연대 사무국장으로 일하는 인권 운동가. 천주교정의구현 전국사제단과 천주교 인권위원회 사무국장으로 일했다. 『십중팔구 한국에만 있는!』과 『사람답게 산다는 것』을 썼고, 『검찰공화국 대한민국』 『간신』 『인간은 왜 폭력을 행사하는가?』 『10대와 통하는 청소년 인권 학교』 『인문학이 인권에 답하다』 『인권연대의 청소년 인권 특강』을 함께 썼다. 〈한겨레〉 등 다양한 매체에 글을 썼으며 지금은 〈경향신문〉에 고정 칼럼을 쓰고 있다.

저는 국가와 군대, 그리고 남성에 대해 말씀드리려고 합니다. 군대라면 군대 다녀온 분들에게 숱하게 들었을 테니 익숙할 수도 있습니다. 남성과 군대, 국가의 관계를 살펴보는 것은 너무 뻔한 이야기라 여기시는 분도 있을 것입니다. 그렇지만 군대는 가장 기본적인 국가 작용 중의 하나이며, 헌법을 통해 국민에게 부여한 의무이기도 합니다. 그냥 뻔한 이야기라고 넘길 문제는 아닙니다. 헌법 제39조는 "모든 국민은 법률이 정하는 바에 의하여 국방의 의무를 진다"고 규정하고 있지만, 실제로 국방의 의무는 남성에게만 부과되기에 국가와 남성, 남성과 국가와의 관계를 살펴보는 건 의미 있는 일입니다.

개인과 국가

현대 국가가 출현한 건 그리 오래시 않았습니다. 대한민국은 1948년부터, 임시정부부터 쳐도 1919년이니 이제 겨우 70년 또는 100여 년밖에 되지 않았습니다. 비교적 짧은 역사에도 불구하고 현대인은 국가체제와 완전히 결합한 상태에서 살고 있습니다. 국가체제 밖에서의 삶은 상상하기도 힘듭니다. 교육, 노동, 주거, 위생 등 개인의 삶을 규정하는 거의 모든 부분에서 국가의 역할이 강조되고 있습니다. 개인으로서는 감당할 수 없는 엄청난 규모의 프로젝트가 국가 차원에서 진행되기도 합니다. 우리에게 '국민'이란 정체성은 그래서 중요합니다.

지금도 노래든 방역이든 조금이라도 남달라 보이는 게 있다면 그 앞에 K자를 붙이고 싶어 하는, '국뽕' 분위기도 적지 않지만, 그렇다고 예전 박정희, 전두환 등 군인들이 대통령을 하던 시절의 국가주의와는 사뭇 다릅니다. 모든 학생들이 강제로 외워야 했던 '국민교육헌장'의 첫머리처럼 개인이 누구나 "민족중흥의 역사적 사명을 띠고 이 땅에 태어났다"고 반복해야 하는 시절도 아닙니다. 가던 길을 멈추고 국기에 대한 예를 갖추라고 윽박지르는 정부도 이젠 없습니다. 물론 요즘엔 윽박지르는 대신 문화 등의 다양한 방식으로 설득하거나 선동하는 게 더 효과적이라 판단하는 것 같습니다. 아무튼 우리 스스로도 '국민'이란 정체성에 큰 거부감은 없는 것 같습니다.

국민과 국가와의 관계는 명확합니다. 국민은 국가의 목적입니다. 국민의 행복, 자유, 인권을 위해 국가가 존재합니다. 국가는 국민을 위한 수단입니다. 그렇지만 국가를 운영하기 위해서는 부득이하게 국민들에게 비록 일부라도 짐을 나눠지도록 하고 있습니다. 바로 국민의 의무인데, 납세와 국방이 대표적입니다. 국민들이 납세와 국방의 의무를 이행해야만 국가를 운영하고 유지할 수 있기 때문입니다. 납세든 국방의 의무든 누구도 즐거운 마음으로 기꺼이 하는 건 아닙니다. 자기 돈과 시간을 들여야만 의무를 이행할 수 있기에 선의에만 기댈 수는 없습니다. 의무를 이행하지 않으면 강제수단이 동원되기도 합니다.

국방의 의무를 이행하지 않으면 감옥에 갑니다. 형사처벌을 받는 겁니다. 의무이행은 강제입니다. 문제는 국방의 의무가 단지 군대에 갔느냐 그렇지 않느냐에서 멈추는 게 아니라는 겁니다. 군 복무를 마치고 난 다음, 예비군 훈련에 참여하는 것까지 국방의 의무에 해당합니다. 예비군 훈련에 가지 않으면? 당연히 처벌을 받습니다.

어떤 사람이 집을 옮겼는데, 법으로 정한 14일 이내에 전입신고를 하지 않았다면, 이건 형사처벌 받아야 할 일, 곧 범죄일까요, 아닐까요? 이사 가서 바로 신고를 하지 않았다고, 정부가 정한 기한 14일을 넘겼다고, 형사처벌을 해야 하는 '특별히 해로운 행위'로 여길 수 있는 걸까요?

정부 일에 협조를 잘하면 좋겠지만, 이사를 하는 사람 입장에서도 경황이 없을 수 있습니다. 복잡한 자금 문제를 해결해야 할 수도 있고, 또 이삿짐을 정리하는 일도 보통이 아니니까요. 물론 전입신고를 제때 하지 않으면 그만큼 행정력의 낭비를 가져올 수도 있습니다. 그렇지만, 형사처벌을 하려면 국가의 행정에 얼마만큼의 영향을 미쳤는지, 그 사람에게는 그럴 만한 고의가 있었는지도 함께 따져봐야겠죠. 이렇게 따져보면 범죄라고 단정하기는 어려울 것입니다. 형사처벌은 아니라도 과태료 등 행정벌을 주는 건 적당해 보입니다. 실제로 주민등록법에서는 전입신고를 기간 내에 하지 않으면 5만 원 이하의 과태료를 부과하는 규정이 있습니다. 그렇지만 실제로 5만 원 이하의 과태료를 부과하는 경우는 거의 없습니다. 강제 규정이기는 하지만, 가능하면 지키면 좋겠다는 바람이 있을 뿐입니다. 이 주민등록법 조항은 이왕이면 국가의 행정에 협조하면 좋겠다, 집을 옮긴다는 번잡한 일을 하면서 주소 이전까지 다 챙기면 좋겠지만, 혹시 기한을 놓치더라도 다음에 생각났을 때라도 바로 해주면 된다는 정도로 이해하면 됩니다.

그렇지만 같은 '전입신고'라도 국방의 의무와 관련되면 상황은 완전히 달라집니다. 흔히 제대를 '전역'轉役이라고 부르기도 합니다. '현역'이 '예비역'으로 바뀌는 것입니다. 예비군으로 동원 대상이 되고, 정기적인 훈련도 받아야 합니다. 예비군이 이사할 때 14일 이내에 전입신고를 하지 않으면 어떻게 될까요? 일반 시민들이 5만 원 이하의 과태료를 내는 것과 달리 형사처벌을 받습니다. 관련 법률은 병역법과 예비군법에 동시에 있는데 병역법은 200만 원 이하의 벌금이나 구류에 처하도록 하고 있습니다. 벌금을 내지 않으면 감옥에 갇히니, 200만 원이면 보통 20일 정도 갇히게 됩니다. 구류는 1일에서 30일까지 가둘 수 있는 형사처벌의 한 종류입니다. 예비군이 전입신고를 하지 않으면 최장 30일까지 갇

힐 수도 있습니다. '과태료 5만 원 이하'와 비교하면 상당히 무거운 처벌입니다. 그런데 예비군법은 훨씬 더 엄격합니다. 전입신고를 하지 않으면 3년 이하의 징역 또는 3000만 원 이하의 벌금에 처합니다. 조문을 한번 보실까요?

> 제6조의 2_{소집 통지서의 전달 등}에 따른 소집 통지서를 전달할 수 없도록 정당한 사유 없이 주민등록법 제10조에 따른 신고를 하지 아니하거나 사실과 다르게 신고하여 같은 법 제8조 또는 제20조에 따라 주민등록이 말소되도록 하거나 거주 불명 등록이 되도록 한 사람은 3년 이하의 징역 또는 3000만 원 이하의 벌금에 처한다."

따져 보면 좀 이상합니다. 예비군이 소집 통지서를 받지 않기 위해 일부러 전입신고를 하지 않았다고 그 깊숙한 마음속까지 판단하는 것도 그렇고, 형사처벌 근거를 행정부의 행정절차_{주민등록 말소, 거주 불명 등록}에 두는 것도 그렇습니다. 예비군이 제때 전입신고를 하지 않으면, 3년 이하의 징역에 처해질 만큼 큰 죄가 됩니다. 전입신고는 행정절차에 협조하는 일입니다. 이걸 하지 않았다고 예비군 훈련에 불참할 의도가 있었다고 판단하는 것은 무리입니다. 국가 입장에서는 예비군 훈련 참석을 독려하기 위해 주소 이전 문제에 대해서도 나름의 안전장치를 마련한 것일 수 있습니다. 하지만 이미 현역으로 군복무를 마친 사람에게 여전히 '국방의 의무'를 부과하는 것도 모자라서 '전입신고'까지 챙기고 형사처벌을 하는 것은 너무 융통성이 없고 고집이 센 태도입니다.

군인들만의 세상, 1961년 체제

대한민국의 정치체제를 흔히 '1987년 체제'라 부릅니다. 1987년 제6공화국 헌법 개정을 통해 대통령을 국민이 직접 선출하게 되었으니 중요한 분기점이 된 것은 당연한 일입니다. 또한 1987년 이후 헌법 개정이 없었으니 지금껏 '1987년 체제'를 살고 있습니다. 이런 식의 작명법을 빌리면 한국은 '1961년 체제'이기도 합니다. 1961년은 박정희가 군사쿠데타를 일으킨 해입니다. 4·19혁명으로 세운 민주정부를 5·16 군사반란으로 일거에 무너뜨리고 군인들 세상을 만듭니다. 가장 극적인 변화는 1968년에 일어납니다. 1968년 베트남전 파병과 관련해 김일성은 잇단 무력도발을 감행합니다. 전면

전은 아니지만, '1·21사태'라 부르는 침략부터 '울진삼척 무장공비 침투사건'까지 크고 작은 무력도발이 있었습니다. 이 과정에서 이승복 어린이의 비극도 벌어집니다. 한반도 분단 이후 남과 북은 '적대적 공생관계'를 활용해서 각자의 집권 기반을 안정화시키는 데 상대의 도발을 활용하기도 했습니다. 박정희 정권이 대표적이었습니다. 박 정권은 1968년 잇단 안보 위기에 기대 대한민국을 강력한 병영국가로 만듭니다. 주민등록제도가 만들어진 것이 바로 이때였습니다. 주민등록번호를 만들어서 전 국민을 하나의 번호로 관리할 수 있게 되었고, 주민등록증도 이때 처음 보급합니다. 주민등록을 하는 과정에서 전 국민에게 지문날인을 강요하기도 했습니다. 이런 번잡한 일을 벌이는 명분은 오직 하나, '간첩 색출!' 이었습니다. 예비군을 만든 것도 1968년입니다. 놀랍죠. 한국전쟁은 1950년부터 1953년까지 벌어졌습니다. 전면전을 벌일 때도 없던 예비군을 전쟁이 끝난 지 15년 만에 새롭게 만든 것입니다. 이듬해인 1969년에는 학생군사훈련교련, 敎鍊을 부활시키기도 합니다. 학도호국단을 부활시켜 고등학교와 대학을 군사조직처럼 재편하기도 합니다. 학생회장 대신 학도호국단장이 학생들을 대표하게 됩니다. 오늘날 학도호국단과 교련 수업은 없어졌지만, 주민등록증, 주민등록번호, 지문날인 제도, 그리고 예비군은 여전합니다.

군사쿠데타로 정권을 잡은 군인들은 자기들만의 세상을 만들었습니다. 군인의 군인에 의한 군인을 위한 국가를 만든 겁니다. 군인들이 내세운 명분은 그럴듯합니다. 국가를 위해 목숨을 건 사람들이니, 제대로 대접해줘야 한다는 것입니다. 이미 전쟁의 참화를 겪은 다음이라 군인들의 희생과 헌신을 모르는 바는 아닙니다. 하지만 군인들이 희생했다는 것과 군인들만 근사한 대접을 받아야 한다는 것은 구별되었어야 합니다. 민간 분야에 진출하는 군인들도 크게 늘어납니다. 쿠데타에 참여한 장교들은 대통령부터 국무총리, 장관, 국회의원 등을 나눠 맡고, 하위직 장교는 제대할 때 공무원으로 특별 채용하기도 합니다. 아예 대위 전역자를 5급 사무관으로 특별채용하는 제도를 운영하기도 했습니다. 이를 흔히 '유신 사무관 제도'라고 불렀는데, 1988년까지 운영했습니다.

군인들만의 세상이었고, 군인들만 최고의 대접을 받았습니다. 물론 지금 말하는 군인들은 의무복무 중인 병사들이 아니라 직업군인들, 특히 쿠데타를 일으켰고 집권에 성공했던 육군사관학교 출신의 장교들이었습니다. 당장 군인연금만 봐도 그렇습니다. 의무복무 중인 병사들은 급여도 제대로 주지 않지만, 직업군인들은 상당한 급여를 주고, 또 다른 어떤 직역보다 훨씬 좋은 연금 혜택을 주고 있습니다. 군인연금의 높은 보장은 모두 국민의 세금으로 부담합니다.

연금 지급금에 대한 국가 보전금은 공무원 연금이 7.1퍼센트인데 반해, 군인 연금은 45.5퍼센트입니다. 6.4배나 많습니다. 연금은 퇴직 즉시 받을 수 있습니다. 공무원 연금은 지급 개시 연령을 60세에서 65세로 단계적으로 늦추고 있는 것과 비교하면 참 많이 다릅니다. 전투 종사 기간은 세 배로 계산해주고 직급은 일반 공무원보다 두 단계나 높이 쳐줍니다. 마치 검사들이 임용과 동시에 3급이 되는 것처럼 아주 특별한 대접을 해주는 겁니다. 시작부터 직급을 올려주니까, 그에 따라 급여도 연금도 다른 여러 가지 복지도 모두 그만큼 늘어나게 됩니다. 소위는 원래 9급이 맞겠지만, 두 단계 올려서 7급, 중위는 6급, 대위는 5급, 소령 4급, 중령 3급, 대령과 별 하나에 해당하는 준장이 1급 대접을 받습니다. 별 둘인 소장도 1급으로 쳐주지만, 중장은 차관급, 대장은 장관급 예우를 받습니다. 국방부에는 장관 1명과 차관 1명이 있지만, 이건 공식적인 것일 뿐입니다. 외청인 병무청장, 방위사

업청장도 차관급이고, 장관급의 장성들이 8명, 차관급의 장성이 29명이니, 이들을 합하면 국방부에만 41명의 장차관이 있습니다.

이런 요란한 대접은 1980년에 만든 '군인에 대한 의전 예우 기준 지침'이라는 국무총리령 때문입니다. 전두환 등의 정치군인들이 군사쿠데타로 집권에 성공한 직후, 자기들의 의전과 예우를 챙기기 위한 규정부터 만든 것입니다.

'박찬주 대장 갑질 논란' 이후 공관병이 없어졌다지만, 육군 대장이라면 공관병이 20명에 이를 정도로 많았습니다. 병사들로 하여금 온갖 시중을 들게 하였던 겁니다. 여기다가 테니스병, 골프병, 바둑병, 요리병 등으로 전문적인 특기가 있다면 규정도 없이 불러다 오로지 장군을 기분 좋게 하는 일을 시키는 겁니다. 관사 규모도 어머어마합니다. 육군참모총장 관사는 부지가 3만 2000제곱미터9680평, 관사 건물만 1067제곱미터323평입니다. 관사에는 헬리콥터 착륙장도 있습니다. 어지간한 거리는 헬리콥터로 이동하고, 전용 항공기도 자유롭게 사용할 수 있습니다. 엄청난 대접이죠.

고급 장교들만 좋은 대접을 받는 것은 아닙니다. 군대에서 10년만 근무해도 국립묘지 안장 대상 자격을 얻습니다. 국립묘지에 묻히는 사람들 대부분은 직업군인들입니다. 전쟁에 나가 공을 세운 일이 없어도 오로지 군에서 근무했다는 이유만으로 국립묘지 안장 자격을 얻는 것입니다. 우리 사회의 어떤 분야도 그 분야에 10년, 아니 20년 동안 복무했다고 국립묘지 안장 자격을 주지는 않습니다. 순국선열 묘역은 3.3제곱미터[1평] 크기로 정해져 있는데, 장군은 계급에 상관없이 이보다 8배 큰 26.4제곱미터[8평]가 주어집니다. 나라를 위해 목숨을 바친 사람보다 그저 장군 계급에 오른 사람이 여덟 배 넓은 묘역을 차지할 수 있는 겁니다. 이건 다른 나라와 비교하면 그 차이가 얼마나 큰지 금세 알 수 있습니다.

프랑스에는 국립묘지라 부르는 곳은 따로 없지만, 통상적으로 팡테온을 국립묘지처럼 여깁니다. 빅토르 위고, 장 자크 루소, 퀴리 부인, 알렉산드르 뒤마, 에밀 졸라, 볼테르 등이 묻혀 있습니다. 대통령이 안장 권한을 행사하니 우리나라의 국립묘지와 비슷합니다. 그런데 안장 요건이 매우 엄격합니다. 그래서 프랑스대혁명[1789년] 이후 이곳에 안장된 사람이 100명도 채 안 돼요. 『삼총사』로 유명한 알렉상드르 뒤마는 1802년에 태어나 1870년에 숨진 사람인데, 2002년에서야 안장됩니다. 빅토르 위고 정도가 운명하자마자 바로 팡테온에 안장된 경우이고요. 18세기에 7명, 19세기에 46명, 20세기에 19명, 그리고 21세기에 8명이 묻힙니다. 모두 80명이에요. 유명하다고, 공이 크다고 해서 안장되는 게 아닙니다. 엄격한 심사로 관리합니다. 그만큼 권위가 있어요.

영국의 웨스트민스터 성당도 이와 비슷합니다. 얼마 전 죽은 스티븐 호킹이 묻힌 이곳에는 아이작 뉴턴, 찰스 다윈, 찰스 디킨스, 토머스 하디 등 소수의 인물들만 묻혀 있습니다.

한국의 국립묘지에는 27만 명쯤 묻혀 있습니다. 성당 지하의 작은 공간에 납골당처럼 안치하는 게 아니라, 매장 형태로 넓찍한 공간을 차지합니다. 그런데 앞으로가 더 문제입니다. 안장 대상자가 더 많기 때문입니다. 전쟁이 끝난 지 67년이 넘었는데, 여전히 43만 명의 안장 대상자가 있습니다. 이 믿기지 않는 통계가 바로 국립묘지법에 10년 이상 복무한 군인들은 자동으로 국립묘지에 안장한다는 [국립묘지법] 의 조문 때문입니다. 국립묘지에는 대통령, 국회의장, 대법원장, 헌법재판소장, 국무총리 등 이른바 5부 요인들도 묻히지만, 이 사람들을 제외하면 대개 군인들이 안장 자격을 얻습니다. 경찰관이나 소방관, 또는 의사자들이 국립묘지에 가려면 목숨을 바쳐야 하고 또 아주 엄격한 심사를 거쳐야만 가능합니다. 시민을 위해 일하는 사람들은 곳곳에 있지만, 특별한 대접은 오로지 군인들만 받습니다.

이런 식의 부당한 특혜가 한둘이 아닙니다. 직업군인들은 퇴직 이후에도 각종 이익단체를 만들어 활동하고 있습니다. 국가가 이를 지원해주기도 합니다. 재향군인회가 대표적이고, 인연이 있다면 상이군경회, 고엽제전우회 등의 보훈단체에서 활동할 수도 있습니다. 수의계약을 통해 정부의 일감을 보훈단체들에게 밀어주기도 합니다. 보훈단체가 받는 특혜는 한둘이 아닙니다. 중앙정부와 지방정부가 사무실을 공짜로 내주고 인건비를 대주기도 합니다. 지금은 국방부 장관을 고위급 장군들이 도맡고 있지만, '1961년 체제' 이전까지만 해도 당연히 민간인 출신들이 국방부 장관을 맡았습니다.

이렇게 엄청난, 그리고 특별한 혜택은 군인 전체를 위한 것은 아니고, 오로지 직업군인들만을 위한 것입니다. 의무복무자들은 오로지 '국방의 의무' 때문에 군복무를 하는데도 대접받는 일은 전혀 없습니다. 노동시간은 길고 힘들고 급여는 용돈 수준도 안 됩니다.

병사들은 볼모인가

　의무복무를 하는 병사들은 1961년 체제의 희생양입니다. 군대를 빼고는 한국 남성들을 이해하기 어렵습니다. 군대는 남성들에게 특별한 체험을 제공합니다. 가장 중요한 체험은 무기력감과 수치심일 겁니다. 병사로 군대에 가는 사람은 훈련소에서부터 사회와는 완전히 다른 새로운 체험을 합니다. 자기가 할 줄 아는 게 아무것도 없다는 것을 자각하는 것입니다. 여러 암기 사항이 갑자기 쏟아집니다. 함께 생활하는 고참^{선임} 병사들이나 소대장, 중대장은 물론, 얼굴 볼 기회도 별로 없는 대대장, 연대장, 사단장의 이름도 한꺼번에 외워야 합니다. 매일처럼 새롭게 바뀌는 '암구호'를 외워야 합니다. 처음 듣는 것을 암기까지 하라니 누구도 실력 발휘를 할 수 없습니다. 게다가 왜 잘 외우지 못하냐는 질책을 듣게 되면 위축되기 마련입니다. 밥 먹는 것도 군대식으로 해야 하고, 걷는 것도 군대식, 말투마저 군대식으로 해야 합니다. 여태껏 경험했고 살았던 세상과는 완전히 다른 조건에서 처음 군인이 된 사람들은 아무것도 잘하는 게 없다는 자괴감으로 군대 생활을 시작합니다. 훈련소를 나와서 자대自隊에 가더라도 '쓸모없는 존재'라는 느낌은 쉽게 떠나지 않습니다.

그러면 '고참'이 되면 달라질까요? 진급을 하면 훈련병이나 이병 때와는 좀 달라지겠지만, 그래도 본질적 처지는 그대로일 수밖에 없습니다.

오늘날 군대는 한국전쟁이나 베트남전쟁 때와는 전혀 다릅니다. 가장 중요한 변화는 전쟁 개념이 바뀌었다는 것입니다. 과거처럼 "돌격 앞으로!"를 외치는 보병 위주의 군사작전은 이제 별 쓸모가 없습니다. 현대전의 승패는 첨단 무기가 좌우합니다. 육군보다는 공군과 해군의 전력이 중요해졌고, 전투 병력의 직접적인 공방보다는 미사일과 포 사격이 중요해졌습니다. 그러니 단순히 군인들의 숫자가 많다고 능사가 아닌 겁니다. 일본 자위대는 대한민국 국군에 비해 병력 숫자가 적지만, 전쟁 수행 능력마저 훨씬 모자라지는 않습니다.

공군의 경우, 병사들이 할 수 있는 역할은 거의 없습니다. 전투기 조종도 정비도 할 수 없습니다. 이건 고도의 전문성이 요구되는 일이라 단기간 근무하는 병사들은 절대 감당할 수 없습니다.

육군도 마찬가지입니다. 육군의 핵심 전략무기들은 병사들이 운용할 수 있는 것이 아닙니다. 불가능한 일입니다. 그러니까 전쟁의 개념이 완전히 바뀌었는데도 2020년의 병사들은 마치 1950년대 병사들처럼 생각하고 훈련받고 생활하면서 삽니다. 조금이라도 생각이 있는 사람이라면 지금의 군대체계가 너무 비효율적이며, 이상한 징병제를 유지하기 위해 쓸데없는 일을 너무 많이 한다는 생각이 들 수밖에 없습니다. 직업군인들의 역량도 '부대 관리'라고 해서 병사들을 관리하는 일에 집중하고 있습니다. 병사들은 쓸데없는 일이라도 반복해야 하고, 제대로 된 임금도 받지 못하면서, 아까운 시간을 빼앗기고 있습니다. 그러니 앞서 말씀드린 것처럼 자존감을 잃는 것은 물론이고 일상적으로 무기력감을 느끼고, 심지어 수치심을 느끼기도 합니다. 군에 간 젊은이들의 가장 큰 소망은 그래서 단 하나, 빨리 제대하는 것밖에는 없습니다. 그런데도 군대를 이렇게 만든 사람들에게는 한마디 항의도 하지 못합니다. 그러면 자포자기 심정이 되어, 안으로 화가 쌓이게 됩니다. 때론 그 분노가 군대에 가지 않는 여성들을 향하기도 합니다.

　병사들은 의미 없는 훈련이나 전쟁 수행과 별 관계없는 부대 관리로 허송세월을 보내는 동안, 군 조직은 점점 더 비대해졌습니다. 당장 장군 숫자만 봐도 이상하기 짝이 없습니

오창익

다. 한국 육군의 장군 숫자는 316명인데, 미국 육군의 장군 숫자는 309명입니다. 미국은 세계 곳곳에 군대를 주둔시키는 패권국가인데도 육군의 경우 장군 숫자가 한국보다 적습니다. 납득하기 어려운 일입니다.

장군만 많은 게 아닙니다. 영관급 이상 고급장교들도 너무 많습니다. 2019년 고급장교 정원이 9913명인데, 이를 절반 이하인 4000명 수준으로 줄여도 전투력이 떨어지지 않을 거라는 분석이 많습니다. 중요한 핵심은 세계 어느 나라보다 고급장교와 장군 숫자가 많으니 이들을 모시기 위한 병사들도 그만큼 많이 필요하다는 겁니다.

소대 - 중대 - 대대 - 연대 - 여단 - 사단 - 군단 - 군사령부의 편제를 보죠. 군사령관은 별 넷, 군단장은 별 셋, 사단장은 별 둘, 여단장은 별 하나에 해당하지만, 각각 참모 조직도 있으니 더 많은 별자리와 고급장교가 필요합니다. 여러 개의 소대가 모여 한 개의 중대가, 다시 여러 개의 중대가 모여 대대가 만들어지니, 사단장 한 명을 위해 엄청나게 많은 병사들이 필요합니다. 효율성도 없고 전투 수행 능력도 떨어트리는 이런 체제를 고집하는 까닭은 장군들과 고급장교들의 일자리를 보장하기 위해서죠. 기득권을 지닌 고위직 직업군인들은 군 조직을 효율적으로 개편하는 것을 결코 바라지 않습니다. 육군 보병 위주의 부대 편제, 한국전쟁 시기에나 어울리는 부대 편제와 운영이 오늘날까지 지속되는 까닭입니다.

　군대가 중요하다는 것은 더 말할 나위가 없을 것입니다. 우리의 생존과 관련한 아주 중요한 조직입니다. 군인들의 희생과 헌신도 반드시 기억해야 합니다. 당장 전쟁이 없더라도 군대는 전쟁을 준비하는 조직으로서 자기 역할을 제대로 수행하고 있어야 합니다. 만일의 경우에 대비해야 합니다. 물샐 틈 없는 경계도 중요합니다. 그러니 군대 조직은 늘 효율적이어야 하고 능동적으로 상황에 대처할 수 있어야 합니다. 그렇기에 지금처럼 군대 편제가 장군들을 중심으로 장군들을 위한 군대처럼 유지되는 것은 심각한 문제입니다. 무공이 없어도 장군들은 그저 장군이었다는 사실만으로 국립묘지에서 순국선열의 여덟 배나 되는 넓은 면적을 차지하는데, 실제로 장군들 중에는 순국 전사자가 거의 없습니다. 당연한 일이죠. 전쟁이 났을 때 실제로 희생되는 대부분의 사람들은 일반 병사들이기 때문입니다. 위험은 계급이 낮아질수록 커집니다. 전쟁사를 연구한 학자들에 따르면 병사가 전사할 확률은 장군에 비해 3만 배가량 높답니다. 온갖 어려

오창익

운 일, 궂은일은 하위 계급이 도맡아 하지만 좋은 일, 폼나는 일은 상급자가 누리는 것도 모자라, 제대 이후, 아니 죽음 다음의 대접까지 이렇게 다르게 받아야 하는 것은 잘못된 일입니다. 한국 군대가 그토록 따르는 미국 군대만 하더라도 유명한 알링턴 국립묘지는 장군과 병사의 묘역 크기가 똑같습니다.

군대에서는 "병사를 그냥 쉬게 하면 안 된다. 놀면 딴생각을 한다. 그러니 부지런히 움직이게 해야 한다"는 이상한 전설이 내려오고 있습니다. 놀면 군기가 빠지고 그러면 사고가 난다는 겁니다. 그래서 밤에 잘 때도 불침번不寢番이라고 잠을 자지 않고 경비를 서는 일을 돌아가면서 합니다. 그뿐만 아니라, 경계근무를 위한 경비 활동도 해야 합니다. 불침번은 주로 내무반 같은 실내 공간을 지키고, 경계근무는 주로 부대를 둘러싸고 있는 담장 등 외곽을 지킵니다. 사무실을 지키는 당직 상황근무도 있습니다. 경계근무나 불침번 근무는 외부에서 군부대로 침투해 들어오는 적을 막거나, 각종 사건 사고를 막기 위한 것이겠지만, 실상은 그렇지만은 않습니다. 이게 참 답답한 일입니다. 단체로 숙소에서 잠을 자는데, 누군가는 꼭 깨어서 총을 들고 서 있어야 합니다.

외곽에 경계 근무병을 잔뜩 세워놓고도 내무반은 내무반대로 불침번을 세우는 것입니다. 다들 하는 일이고, 매일 하는 일이지만, 왜 그래야 하는지에 대한 합리적인 설명은 전혀 없습니다. 당연히 질문도 봉쇄합니다. 병사들은 군대가 애초부터 합리적인 설명이 없는 곳이라는 것을 잘 알고 있습니다. 자칫하면 질문 자체가 불이익으로 연결되기도 합니다. 불침번이든 경계근무든 명령이란 말 한마디로 간단하게 정리됩니다.

때로 의문이 들겠죠. 군기가 바짝 든 신병이라면 그럴 정신이 없겠지만 시간이 지나고 이런 일이 반복되면 회의가 드는 게 당연합니다. 그러다 사람이 장비나 개^{군견}만도 못한 취급을 받는 상황이 반복되면 포기합니다. 군대는 이렇구나, 아예 생각 자체를 하지 말고 얼른 제대나 하자며 무력감을 곱씹는 겁니다. 그래서 제대를 하고 나면 남는 건 자괴감, 수치심뿐입니다. 도대체 내가 그 소중한 시간 동안 뭘 한 거지?

지금은 없어졌지만, 예전엔 법무부 교정본부^{당시엔 교정국} 소속으로 교도소에서 외곽 경계근무 등을 서면서 군 생활을 하는 경비교도대가 있었습니다. 교도소의 '의경'^{의무경찰}인 셈입니다. 경비교도대는 흔히 외^外정문이라고 부르는 교도소 정문이나 교도소 담벼락 곳곳에 설치된 망루에 올라가서 총을 들고 교도소를 지키는 경계근무를 했습니다. 행정업무를 보조하기도 했고 교도소 내에서도 여러 가지 역할을 맡았지만, 핵심은 외곽 경계근무였습니다. 적이 교도소를 습격하는 것을 막고 교도소 수용자들이 탈출하는 것을 막기 위해서입니다. 그런데 역사상 적이든 어떤 무장세력에게든 교도소를 습격당한 적은 한 번도 없었습니다. 수용자가 탈옥한 적도 손에 꼽을 정도입니다. 이게 모두 경비교도대가 잘 지켜준 덕택일까요?

지금은 경비교도대 자체가 없어졌습니다. 정문 근무는 교도관들이 맡아서 하고, 담벼락 위의 망루에서는 누구도 경계근무를 서지 않습니다. 그렇다고 교도소가 갑자기 위험해진 건 아닙니다. 언제나처럼 적이나 무장세력의 습격도 없고, 또 수용자들이 탈옥하는 일도 없습니다. 그저 평온하기만 합니다. 그러니 경비교도대는 원래 꼭 필요한 일을 했던 것은 아니었던 겁니다. 그냥 오래전부터 내려온 일, 특별히 일본 제국주의 감옥이 했던 일을 별로 살펴보지도 않고 기계적으로 반복했던 것입니다. 군대도 마찬가지입니다. 일정한 규모의 병력㤁을 유지하기 위해 예전 같으면 군대에 가지 않았을 사람들까지도 군대에 보내고 있는데, 불침번이 꼭 필요한지 외곽 경계근무, 특히 후방부대의 경계근무가 꼭 필요한 일인지 등을 면밀하게 따져본다면, 꼭 지금처럼 많은 사람이 오랫동안 군대에 가지 않아도 될 것입니다. 군대는 전형적인 인력 낭비, 시간 낭비를 매일처럼 반복하고 있습니다.

1961년 체제에서 군대에는 군대의 존재 이유인 국민마저 깔보고 밑으로 보는 태도가 팽배해 있었습니다. 군대의 목적은 국민을 지키는 데 있는데도 태도는 영 딴판이었습니다. 일컫는 말부터 그랬습니다. 지금이야 '민관군'民官軍이라 부르지만, 한동안 군관민軍官民이라 불렀습니다. 힘의 크기에 따른 서열을 그대로 보여주었던 것입니다. 그야말로 주객전도主客顚倒입니다.

민주화 이후에는 '군관민' 같은 막말은 사라졌지만, 국민의 아들들을 징집해놓고 사병士兵이 아닌 사병私兵처럼 거느리는 상황은 별로 달라지지 않았습니다. 사실은 군인을 직업으로 선택한 사람들보다 군인으로 의무복무하는 사람들이 더 좋은 대접을 받아야 하는 게 아닐까요? 적지 않은 급여와 각종 복지 혜택은 물론 환상적인 연금 혜택까지 누리고, 죽으면 무조건 국립묘지에 갈 수 있는 사람과 최저임금도 받지 못하고,

외출, 외박, 휴가도 자유롭지 못하는 사람 사이의 차별은 마치 당연한 것처럼 여겨지고 있습니다. 군사 쿠데타로 집권한 직업군인들이 자기들에게만 유리하게 판을 짜놓은 탓입니다. 이런 상황에서 의무복무 군인들은 직업군인들에게 사람이 아니라 그저 소모품과도 같은 취급을 받는 일이 잦습니다.

쓸데없는 일만 반복하고 있고, 작은 일에 민감하거나 때론 분개하고, 상명하복 구조에서 맨 밑바닥에 놓여서 그저 상급자들의 눈치만 봐야 하는 상황에 길들여지다 보면, 어느새 제대할 때가 됩니다. 계급사회에서 이런 이상한 경험이 남성들을 이전과는 전혀 다른 이상한 예비역으로 만드는 겁니다.

군대는 명령에 따라 일사불란하게 움직여야 하는 조직입니다. 명령은 명령권자만 할 수 있습니다. 보통은 부대의 최고 책임자인 지휘관이 맡습니다. 지휘관은 병사의 생사여탈권을 가진 사람입니다. 그 사람이 어떻게 하느냐에 따라 생사의 갈림길에 설 수도 있습니다. 살아남으려면, 그게 아니라 군 생활에서 고초를 겪지 않으려면 지휘관이나 상급자의 말에 복종해야 합니다. 군대에서의 고초는 꼭 구타나 가혹행위만 있는 것은 아닙니다. 천만다행으로 군대에서 사람을 때리는 일은 거의 없어졌습니다. 그 대신 다양한 괴롭히기는 얼마든지 가능합니다. 온갖 잡일을 시키거나 인사상 불이익을 주거나 험담을 하는 등 다양합니다. 폭력이 꼭 물리력을 동반하는 것만은 아닙니다. 때론 정신적 고통이 더 치명적이기도 합니다.

생각 없음을 강요하는 군대

대한민국 군대는 마치 돈 먹는 하마 같은 존재입니다. 연간 50조 원을 넘게 씁니다. 2007년 24조 4971억 원이었던 국방비가 두 배로 늘어나는 데 불과 13년밖에 안 걸렸습니다. 국회에 제출한 2020년 정부 예산 중, 국방비 예산안은 모두 50조 1527억 원이었는데, 단 한 푼도 깎이지 않습니다. 2056억 원의 예산이 항목 조정되었을 뿐 2020년 국방 예산은 정부 안대로 통과됩니다.

이 중 33.3퍼센트는 방위력 개선비무기 연구, 개발, 도입 비용로 16조 6804억 원이에요. 지난해보다 8.5퍼센트 증가했는데요. 문재인 정부 출범 이후 평균 증가율은 11퍼센트였습니다. 박근혜, 이명박 정권의 평균 증가율5.3퍼센트의 두 배나 되는 가파른 증가입니다. 평화를 이야기하고, 남북관계를 정상화한다면서도 박근혜, 이명박 정권보다 두 배나 많은 방위력 개선비를 쓰는 까닭은 무엇일까요? 미국의 비위를 맞추기 위해서만은 아닐 겁니다.

가장 큰 규모를 차지하는 항목은 전력 운영비로 33조 4723억 원입니다. 이 예산도 전년도 대비 6.9퍼센트 증가했습니다. 한국의 국방비 50조 1527억 원은 일본의 5조 3222억 엔약 58조 3300억 원에 비해서도 크게 차이 나지 않는 액수입니다. 그렇지만 인구나 경제 규모를 생각하면 한국의 국방비 부담이 훨씬 크다는 것을 알 수 있습니다.

일본의 인구는 약 1억 2647만 명으로 세계 11위 인구 대국이지만, 한국은 약 5178만 명입니다. 세계 28위 규모의 인구입니다. 2.44배 차이죠. 곧 일본이 한국만큼 국방비를 쓴다면, 122조 3720억 원은 되어야 합니다. 게다가 일본의 GDP국내총생산도 한국보다 훨씬 많습니다. 일본은 GDP가 5932조 2720억 원으로 세계 3위 규모인데 반해, 한국은 1893조 4970억 원으로 세계 10위 규모2018년 기준입니다. 한국은 GDP의 약 2.5퍼센트를 일본은 약 1퍼센트를 국방비로 쓰고 있는 겁니다. 정부 예산을 기준으로 하면 한국은 그중 10퍼센트를, 일본은 5퍼센트를 쓰고 있으니 한국이 일본보다 훨씬 규모가 큰 겁니다. 예산만 기준으로 해도 일본보다 두 배의 국방비를 쓰고 있는 것입니다.

세계에서 국방비를 가장 많이 쓰는 나라는 미국입니다. 그 다음이 중국, 사우디아라비아, 일본, 러시아, 한국순입니다. 이제 한국은 국방비 규모에서 러시아54조 원와 일본58조 원을 제치고, 세계 4위를 노릴 기세입니다. 남북정상회담을 몇 차례 열고, 한반도의 평화 정착을 위해 노력한다고 말하지만, 예산에 담긴 정책 의지는 거꾸로입니다.

제주의 아름다운 마을 강정이 해군기지로 둔갑하고 경북 성주에 사드THAAD·Terminal High Altitude Area Defense라는 미사일 요격부대, 사실은 그냥 미사일부대를 배치한 것도 모두 중국을 견제하려는 미국의 의도에 적극 호응한 것입니다.

그러고 보면, 한국 군대도 미국의 세계지배 전략의 하위 파트너일 뿐입니다. 작전통제권도 한국이 아닌 미국이 갖고 있으니 더욱 그렇습니다. 그래도 한국이라는 국가 차원에서 한국 군대가 차지하는 비중, 그리고 군대 안에서 직업군인들이 차지하는 비중은 너무도 큽니다. 거듭 강조하지만, 의무복무를 하는 병사들이 직업군인들의 기득권 체제를 공고히 하기 위한 희생양으로 동원되어선 안 됩니다.

한국은 교육 열기가 매우 뜨거운 나라입니다. 한국에서의 교육은 대부분 더 좋은 학교에 진학하거나 더 좋은 직장이나 자격증을 얻기 위한 것으로 전락했지만, 원래 교육의 목적은 '자존감 형성'을 돕는 데 있습니다. 돈이 많으면 평가받지만, 돈이 없으면 사람 취급도 받지 못하는 세상, 경쟁은 치열하고 살기는 어려운 세상에서 살기 위해 가장 좋은 방법은 돈을 아주 많이 버는 겁니다. 하지만 말처럼 쉬운 일은 아닙니다. 어느 정도 먹고살게 되었다 해도 상대적 빈곤을 느낄 수도 있으니까요. 이런 상황일수록 자기 자신에 대한 존중self-respect이 필수적입니다. 비록 돈은 몇 푼 덜 갖고 있지만, 자존감만 있다면 훨씬 더 재미있게 또 행복하게 살 수 있습니다. 자기 자신을 긍정하고 자기 자신을 사랑하며 이해하는 힘은 삶의 가장 중요한 원천이 됩니다. 그렇다면 군대는 어떨까요?

군대는 이러한 교육의 일반적인 목적과는 완전히 딴판으로 작동합니다. "까라면 까라"라는 게 일반적인 원칙입니다. 질문을 허용하지 않습니다. 생각하는 것을 딴전을 피우거나 조직의 규율을 깨트리는 것 정도로 여깁니다. 군대 조직 자체가 개인을 허용하지 않습니다. 개인이 자존감을 갖지 못하도록 여러 기제들이 동시에 작동합니다. 제복 입은 사람들이 촘촘한 계급으로 나눠져 있고, 의미 없고 반복적인 생활을 하는 게 그렇습니다. 제복은 단결의 상징일 수 있지만, 그 제복을 입은 사람도 시민이라는 점이 중요합니다. 제2차 세계대전 패망으로 없어졌던 군대를 다시 만드는 과정에서 독일 독일연방공화국은 '제복 입은 시민'이라는 개념을 만들어냅니다. 필요에 따라 제복을 입고 있지만, 시민으로서의 권리를 자동적으로 모두 포기하는 건 아니라는 겁니다. 1954년 독일이 군대를 다시 만들고, 1956년에는 징병제를 도입하면서 이런 개념을 만들어낸 것입니다. 나치 시대의 군대가 반인륜적인 히틀러의 명령을 아무 생각 없이 따르다가 수백만 명을 학살하고, 제2차 세계대전까지 일으키게 되었다는 반성에서 나왔습니다. 아무리 상관의 명령이라도 불법적 명령이나 불합리한 명령은 따르지 않아도 되고, 군대 내에서 법치주의 교육, 인권교육도 일상화되어 있습니다. 교육은 토론식으로 진행하며, 왜 군인들이 '제복 입은 시민'의 정체성을 가져야 하는지, 왜 군대가 충성해야 할 대상이 국가와 존엄한 국민이어야 하는지, 맹목적으로 상관에게만 충성하면 안 된다는 등

오창익

의 기본을 익히고 배웁니다. 또한 의회가 구성한 군대 옴부즈만이 일상적으로 활동하며 군대의 일탈을 감시하기도 합니다. 독일 군대는 우리에게 좋은 모델이 됩니다. 두 차례나 군대가 직접 군사쿠데타를 일으켰고, 대한민국의 질서를 엉망진창으로 만들어놓았으며, 지금껏 1961년 체제를 존속시키고 있는 상황이기에 더욱 그렇습니다. 잘못된 과거에 대한 통렬한 반성이 오늘날 독일 군대를 만들었듯이, 한국 군대도 민주헌정질서를 총칼을 들고 뒤엎고 오로지 군인들만의 세상을 만들었던 잘못된 과거에 대한 통렬한 반성이 있어야 했지만 한국 군대는 그런 반성조차 없었습니다. 반성이 없었으니 변화도 없습니다. 여전히 장군들의 기득권만 강조하고 있는 상황입니다.

남성 자살률에 담긴 의미

군대는 사람을 바꿉니다. 물론 그렇지 않은 사람도 있고, 군대 경험을 통해 긍정적으로 바뀐 사람들도 있을 겁니다. 하지만 대부분의 남성들에게 군대 경험은 민주주의와 인권

발전에 역행하는 잘못된 경험을 통해 잘못된 인식을 체득하게 합니다. 꼭 군대만의 일은 아니지만, 군대식 가정, 군대식 학교, 군대식 직장 등을 통해 군대에서 체득한 잘못은 고착되기도 하고 확산되기도 합니다. 그러니 '한남충' 운운하면서 한국 남성들이 도대체 왜 그러냐고 탓할 일만은 아닙니다. 비난만이 능사가 아니라는 겁니다. 남성은 한국적 가부장 사회에서 주로 갑의 지위에 있고, 젠더 폭력과 관련해 대부분 가해자의 지위를 차지하고 있지만, 매우 위험한 실존적 위기를 겪고 있기도 합니다. 한국 남성들이 생각보다 위험한 상황에 놓여 있습니다.

가부장 사회의 역설을 한번 보시죠. 한국은 자살률이 세계에서 최고로 높은 나라입니다. 자살과 관련한 각종 통계는 그저 끔찍하기만 합니다. 그런데 남성 자살률은 언제나 여성 자살률보다 압도적으로 높습니다. 물론 남성 자살률이 여성 자살률보다 높다는 것은 한국만이 아닌 세계적인 현상이기도 합니다. 한국의 남성 자살률과 여성 자살률의 차이는 OECD 평균보다는 약간 낮은 정도의 수준입니다.

한국의 남성/여성 자살률은 독일, 프랑스, 미국, 멕시코보다는 낮고, 일본과 엇비슷합니다. 그렇지만 한국 여성은 인

단위: 명/인구 10만 명당

	독일	프랑스	일본	한국	미국	멕시코	OECD 평균
전체	10.2	12.3	15.2	24.6	15.2	5.4	11.3
남성	16.3	20.2	22.1	37.4	22.1	9.5	18.4
여성	4.9	5.5	8.6	14.1	6.3	1.8	5.0
남성/여성	3.33	3.67	2.57	2.65	3.51	5.28	4.1

출처: OECD Health Data.

구 10만 명당 14.1명이 자살하는 반면, 독일 여성은 4.9명이 자살합니다. 2.88배 차이입니다. 멕시코 여성에 비하면 7.83배나 더 많이 자살합니다. 어떤 나라든 자본주의가 발전한 나라들은 남성 자살률이 여성에 비해 두세 배, 때론 다섯 배나 높습니다. 현대 자본주의 국가가 남성들 위주로 돌아가는 반면, 남성에 대한 돌봄도 절실하다는 것을 알려줍니다.

한국은 성별에 따른 임금 격차가 가장 큰 나라입니다. 심지어 이 격차는 날로 증가하고 있습니다. 이는 한국 사회가 다른 어떤 나라보다 남성 중심 사회, 남성들만 살기 좋은 사회라는 것을 알려줍니다. 그렇지만 한국 남성이 여성보다 더 많은 돈을 번다는, 자본주의 사회에서 가장 유의미한 성취에도 불구하고 여성보다 더 많이 자살한다는 사실은 어떻게 해석하면 좋을까요? 여러 해석이 가능하지만, 남성의 어깨가 무겁다는 것은 확실한 것 같습니다. 가족을 부양해야 한다는 현실, 끝없이 돈을 벌어야 한다는 심리적 압박 등이 만만치 않은 겁니다. 게다가 자존감마저 부족합니다.

통계를 하나 더 보시죠. 한국인의 연령별 사망 원인과 사망률을 정리한 것입니다.

연령별 5대 사망 원인 사망률 및 구성비^{2018년}   단위: 명/인구 10만 명당, %

	10-19세	20-29세	30-39세	40-49세	50-59세	60-69세	70-79세	80세 이상
1위	고의적 자해(자살) 5.8 35.7%	고의적 자해(자살) 17.6 47.2%	고의적 자해(자살) 27.5 39.4%	악성 신생물 40.9 27.6%	악성 신생물 120.0 36.3%	악성 신생물 285.6 41.7%	악성 신생물 715.5 34.2%	악성 신생물 1425.8 17.0%
2위	악성 신생물 2.3 14.5%	운수사고 4.3 11.6%	악성 신생물 13.4 19.3%	고의적 자해(자살) 31.5 21.3%	고의적 자해(자살) 33.4 10.1%	심장 질환 61.4 9.0%	심장 질환 216.0 10.3%	심장 질환 1060.2 12.6%
3위	운수사고 2.3 14.0%	악성 신생물 3.9 10.6%	심장 질환 4.2 6.0%	간 질환 12.5 8.4%	심장 질환 27.2 8.2%	뇌혈관 질환 43.4 6.3%	뇌혈관 질환 177.5 8.5%	폐렴 978.3 11.6%
4위	심장 질환 0.5 3.0%	심장 질환 1.5 4.1%	운수사고 4.0 5.7%	심장 질환 11.2 7.5%	간 질환 24.3 7.3%	고의적 자해(자살) 32.9 4.8%	폐렴 144.0 6.9%	뇌혈관 질환 718.4 8.5%
5위	익사 사고 0.4 2.3%	뇌혈관 질환 0.6 1.6%	뇌혈관 질환 2.7 3.8%	뇌혈관 질환 8.2 5.6%	뇌혈관 질환 19.7 6.0%	간 질환 26.7 3.9%	당뇨병 75.1 3.6%	알츠하이머병 315.8 3.8%

※연령별 사망 원인 구성비 = (해당 연령의 사망 원인별 사망자 수/ 해당 연령의 총 사망자 수) × 100

출처: 2018년 사망 원인 통계(통계청).

연령별 사망 원인 중에서 1위를 차지하는 것만 보면, 10대에서 30대까지의 젊은 층에서는 자살이고, 40대 이후는 모두 악성 신생물惡性 新生物. 암이 사망률 1위를 차지하고 있습니다. 언젠가는 젊은이들 사이에서 "못 견디면 자살, 견디면 암"이라는 속상한 이야기가 떠돌기도 했습니다. 자살은 40대와 50대 사망률에서도 2위를 차지합니다. 60대가 되어서야 4위로 내려갑니다. 나이가 들면 자살로 죽는 비율은 줄어듭니다. 그렇지만 자살로 생을 마감하는 사람들의 숫자는 나이를 먹을수록 늘어납니다. 60대 자살자는 인구 10만 명당 32.9명입니다. 앞의 표에서는 나오지 않지만 70대는 48.9명, 80대 이상에서는 69.8명으로 급증합니다. 나이를 먹는다는 것은 세상의 풍파를 오래 겪었기에 좀 더 지혜로워지고, 좀 더 신중해지는 것 같지만 실상은 많이 다릅니다.

　이번엔 연령별로 남성과 여성의 자살률을 비교해보겠습니다.

　남성 자살률은 인구 10만 명당 20대 21.5명, 30대 36.4명, 40대 45.4명, 50대 51.4명, 60대 53.0명을 보이다가 70대 83.2명, 80대 이상 138.5명으로 급증합니다. 반면, 여성 자살률은 20대 13.2명, 30대 18.3명, 40대 17.3명, 50대 15.1명,

연령별 자살자 숫자[2018년]   단위: 명/인구 10만 명당

구분	10대	20대	30대	40대	50대	60대	70대	80대 이상
전체	5.8	17.6	27.5	31.5	33.4	32.9	48.9	69.8
남성	5.7	21.5	36.4	45.4	51.4	53.0	83.2	138.5
여성	5.9	13.2	18.3	17.3	15.1	13.6	22.0	37.3
남성/여성	0.97	1.63	1.99	2.62	3.40	3.90	3.78	3.71

출처: 2018년 사망 원인 통계(통계청).

60대 13.6명을 나타냈으며, 70대와 80대 이상에서도 각각 22.0명, 37.3명으로 남성에 비해 상대적으로 낮은 수치를 보입니다.

남성은 나이가 들수록 자살률이 일관되게 높아지는 반면, 여성은 30대까지는 증가하지만, 40대부터 60대까지는 거꾸로 줄어듭니다. 남성과 여성 사이의 연령별 자살률 차이도 20대에서는 1.63배 차이에 불과하지만, 60대 이후엔 네 배 가까운 차이를 보입니다.

10대 자살률을 보면 남성과 여성의 차이가 거의 보이지 않습니다. 인구 10만 명당 남성은 5.7명, 여성은 5.9명으로 여성이 조금 더 많이 자살하지만, 엇비슷한 수준입니다. 성별 차이는 0.97로 일반적인 인구 통계를 반영하는 수준입니다.

오창익

그러나 20대 이후엔 요동치듯 격변합니다. 남성이 훨씬 더 많아집니다. 20대 이후 남성의 자살률은 지속적으로 높아지고, 50대가 되면, 여성보다 세 배나 많아집니다. 왜 그럴까요? 군대에서 익힌 잘못된 군대 문화, 가부장적 질서, 남성 중심의 사회가 결국은 남성 자신이 스스로의 목숨을 더 많이 해치는 결과로 이어진 것은 아닐까요?

다시, 교육만이 희망이다

군대가 남성들에게 좋지 않은 영향을 미쳤고, 그 때문에 남성들이 여성들과 어울려 사는 데 서툰 모습을 보이기도 하고, 때로는 폭력적인 모습을 보이면서 숱한 여성 피해자를 낳기도 합니다. 한국 사회는 엄연한 남성 중심 사회입니다. 그렇지만, 남성 역시 구원받아야 할 존재이기도 합니다. 남성 중심 세상은 남성에게도 결코 바람직하지 않습니다. 군대에서의 나쁜 경험, 가부장주의 등은 결국 남성 자신을 해친다는 점을 남성들이 빨리 깨달아야 합니다. 남성들이 나이 들어갈수록 "나 때는 말이야"라면서 '라떼'만 찾고, "내가 누군지 알아!"라며 호통이나 치면서 고립을 자초하는 삶을 더이상 반복하지 않았으면 좋겠습니다.

잘못된 국가와 군대는 남성을 멍들게 합니다. 그런데 정작 본인은 잘 인식하지 못합니다. 멍든 자아를 '남성다움'으로 포장하기도 합니다. '남성다움'이라는 이상한 이데올로기에 자신을 가둬놓고 뭐가 문제인지도 모르는 경우가 많습니다.

1961년 체제, 곧 오염된 병영체제, 군대문화의 변종은 높은 사람과 낮은 사람을 가르고, 힘센 사람과 약한 사람을 가릅니다. 사람을 상급자와 하급자, 가해자와 피해자로 간단히 나눠버립니다. 계급이 낮은 사람이 계급 높은 사람에게 무조건 복종해야 하는 군대식 계급 문화는 한국 사회 전반을 오염시켜왔습니다.

집에서도 형, 누나, 언니, 오빠와 동생의 차이가 있습니다. 형이니까 이래야 하고, 동생은 이래야 한다는 이야기를 듣고 자랍니다. 학교에 진학하면 본격적으로 계급 질서를 배웁니다. 어릴 때부터 가정과 학교에서 상하관계를 배우고, 나중에 군대와 사회에서 고착된 계급질서를 만나게 됩니다. 새롭거나 다른 상황은 불가능하게 됩니다. 소파 방정환 선생님이 어린이들에게도 존대를 했다는 이야기는 그저 위인전에서

나 만날 수 있는 비현실적인 이야기가 되어 버렸습니다.

　남성들은 날 때부터 힘의 크기에 따라 달라지는 세상을 만나게 됩니다. 힘을 숭배하게 되고 상대를 인간 자체로, 존엄하고 가치 있는 존재가 아니라, 위계에 따라 각각 다른 사람으로 보게 됩니다. 또한 남성은 그저 남성이라는 이유만으로 여성보다 위에 존재한다고 믿게 됩니다. 남존여비는 지나간 옛이야기에 멈춰 있지 않습니다. 태어나자마자 출생신고를 할 때 국가는 아기에게 개인 고유번호를 줍니다. 이 주민등록번호는 모두 열세 자리로 구성되어 있는데, 앞의 여섯 자리는 생년월일입니다. 이 자체로 위계를 보여줍니다. 뒤의 일곱 자리는 성별 구분부터 시작하는데, 남성은 1번과 3번, 여성은 2번과 4번입니다. 남-녀-남-녀 순서입니다. 왜 남성은 여성보다 앞에 놓인 존재여야 하는지, 마치 인간이란 존재가 생겨날 때부터 그렇게 해야만 했던 것처럼 아무런 합리적인 까닭도 없이 그리하는 것입니다. 마치 그 자체로 오래된 자연질서라도 되는 것처럼 남성은 여성보다 앞자리를 차지합니다. 서구권도 비슷해서, 여성woman이라는 영어 단어는 남성man에서 파생된 말입니다. 진짜 심각한 문제는 당연히 존재하는 성별 차이를 차별의 근거로 삼는다는 것입니다.

남성과 여성의 차이가 차별로 이어지는 인식, 구조, 그리고 실제는 거듭 강조하지만 남성에게도 결코 바람직하지 않습니다. 남성이 여성을 차별하는 동시에, 자신마저도 구원받아야 할 존재로 전락시켜버리기 때문입니다.

지금은 육군 기준으로 의무복무 기간이 18개월입니다. 예전보다는 많이 줄었다고 하지만, 1년 반이라는 세월도 결코 만만치는 않습니다. 변화를 경험하기에 결코 짧은 시간이 아닙니다. 학교는 보통 초중고 과정, 일반적이고 기본적인 과정을 마치는데 12년이 걸립니다. 엄청난 세월입니다. 게다가 사람의 대강이 정해지는 아주 중요한 어린이, 청소년 시기를 학교를 다니며 보내야 합니다. 학교에서 좋은 것도 많이 배우겠지만, 잘못된 군대문화를 익힌다면, 그 결과는 우리가 지금 지켜보는 것처럼 끔찍합니다.

이젠 답을 찾아야 합니다. 더는 이런 식으로 우리 삶이 그냥 흘러가도록 방치해서는 안 됩니다. 이런 문제를 해결할 답이 바로 인권에 있습니다. 우리는 오랫동안 반인권적 군사문화 속에서 반인권적인 교육을 받으면서 살아왔습니다. 인권교육은 없었고, 그저 도덕이나 윤리, 그것도 국민윤리 교육만 반복했습니다. 인권이란 개념조차 낯선 경우가 많았고,

오창익

적지 않은 사람들은 지금껏 인권이란 개념 자체에 적대감을 갖고 있기도 합니다. 그리고 어떤 사람들은 마치 자기 맘대로 뭐든 할 수 있는 게 인권인 것처럼 오해하기도 합니다.

독일에선 군인들에게도 민주주의와 인권을 가르친다는데, 우리라고 그렇게 하지 않을 까닭이 없습니다. 민주시민교육, 인권교육을 활성화해야 하고, 어릴 때부터 체계적으로 교육해야 하고 성인이 된 다음에도 반복적으로 교육 기회를 제공해야 합니다. 군대에서도 인권교육을 활발하게 진행해야 합니다. 남성 본위의 가부장 사회는 일차적으로 여성을 공격하지만, 마침내 남성 자신도 겨냥합니다. 이상한 군대 문화, 남성 우월주의 문화, 가부장제에서 벗어나야 우리 모두 건강하고 평등한 인권 친화적인 사회로 나아갈 수 있습니다. 그 답을 체계적인 인권교육에서 찾았으면 좋겠습니다. 감사합니다.